돈이 알아서 내게 와 주면 좋겠어

돈이 알아서 내게 와 주면 좋겠어

초판 1쇄 발행 2022년 11월 18일

지 은 이 정재기
발 행 인 서재필

펴 낸 곳 마인드빌딩
출판신고 2018년 1월 11일 제395-2018-000009호
전　　화 02)3153-1330
이 메 일 mindbuilders@naver.com

ISBN 979-11-90015-93-6　03320

• 책값은 뒤표지에 표시되어 있습니다.
• 잘못된 책은 구입하신 곳에서 바꿔드립니다.

마인드빌딩에서는 여러분의 투고 원고를 기다리고 있습니다. 출판하고 싶은 원고가 있는 분은 mindbuilders@naver.com으로 간단한 개요를 연락처와 함께 보내 주시기 바랍니다.

돈과 친밀한 관계 맺기 프로젝트

돈이 알아서 내게 와 주면 좋겠어

정재기 지음

"돈을 대하는 태도만 바꿔도 돈은 저절로 쌓인다"

마인드빌딩

· 프롤로그 돈에 대한 태도가 부의 차이를 결정한다

선영 씨랑 여동생은 최근에 어린 시절 이야기를 하다가 깜짝 놀랐다. 부모님이 돈을 대하던 태도를 전혀 다르게 기억하고 있었기 때문이다.

선영 씨 기억 속의 부모님은 돈에 대해 엄격한 분이었다. 한번은 친구들과 롤러스케이트장에 갈 용돈을 달라고 했는데 단칼에 거절하셔서 상심한 적도 있다. 그와 비슷한 일을 몇 번 겪으면서 선영 씨는 '우리 집은 가난해서 함부로 돈을 쓰면 안 된다'라는 메시지를 가슴에 새기게 됐다. 반면 선영 씨의 동생은 요청하면 무엇이든 들어주는 분으로 부모님을 기억한다. 예체능계열이라 교육비가 남들보다 몇 배 더 들었지만 마음껏 재능을 펼칠 수 있게 밀어주셨다. 그 영향 때문인지 선영 씨의 동생은 '돈은 필요하면 부모님이 어떻게든 마련해준다. 잘 돼서 갚으면 돼'라는 메시지를 굳게 믿는다.

선영 씨의 부모님은 자녀들을 차별하시지 않았다. 단지 각자에게 인상 깊게 새겨진 사건과 메시지가 달랐을 뿐이다. 그리고 그 메시지의 영향으로 두 자매의 돈에 대한 태도는 사뭇 달라지게 되었다.

사람들은 돈을 잘 다루고 싶어 한다. 좀 더 노골적으로 표현하면 돈을 많이 벌고 싶어 한다. 적어도 '돈 걱정 없이 살고 싶다'라는 소망이 있다. 그래서 재테크 공부도 하고, 돈을 모아 투자도 해 보지만 결과는 그리 만족스럽지 않다. 공부가 부족했을까? 운이 없었나? 그것도 아니면 돈이 적어서 안 되는 걸까? 별별 생각을 해 보다가 '이번 생에는 힘들겠다'고 씁쓸하게 포기하곤 한다.

사회 초년생 시절, 나는 돈에 무지했다. 누구도 가르쳐주지 않았고 배우려고 하지도 않았다. 그저 분수에 맞게 살면 된다고 생각했다. 돈에 관심을 기울이면 '격格'이 떨어진다고 믿었다. 돈에 '밝은' 것과 돈을 '밝히는' 것의 차이를 알지 못했다.

결혼 후 맞벌이를 하면서 발등에 불이 떨어졌다. 나보다도 돈에 관심이 없던 아내는 가정 경제권을 나에게 맡겼다. 대신 한 달에 한 번씩 재무 상황을 리포트하는 조건이 붙었다(지금 생각해 보면 아내는 고도의 전략적 선택을 했던 것이다). 나는 도움이 필요했다. 가정 경제에 대해 객관적이고 전문적인 조언을 해줄 멘토가 절실했다. 그러나 그런 사람이 어디 있는지조차 알지 못했다. 나는 재테크 책을 섭렵해 가는 것으로 돈 공부를 시작했다.

2008년에 잘 다니던 국책연구소를 그만두고 국제공인재무설계사(CFP®) 시험 합격과 동시에 금융계로 자리를 옮겼다. 그런데 공교롭게도 글로벌 금융위기가 터졌고, '내일은 주가가 얼마나 더 떨어질까'라는 걱정으로 하루하루 불안에 떨며 살아야 했다. 코스피 지수는 2,064에서 938까지 떨어진(-54.5%) 후에야 반등했다.

2020년에는 코로나19가 글로벌 금융시장을 강타했다. 2008년 글로벌 금융위기 때보다 더 급격한 하락과 공포가 휩쓸고 지나갔다. 앞으로도 이와 비슷하거나 더 강력한 폭풍이 오고 갈 것이다. 경기 침체, 주가 하락, 물가 상승 뉴스가 끊임없이 우리의 마음을 어지럽게 할 것이다. 불편한 수준을 넘어서 생존을 걱정해야 할지도 모른다.

"문맹은 생활을 불편하게 하지만, 금융문맹은 생존을 불가능하게 만든다"라는 미국 연방준비제도이사회FRB, Federal Reserve Board 전 의장 앨런 그린스펀의 말은 여전히 유효하다.

나는 두 번의 금융위기를 겪으면서 돈을 대하는 자세를 가다듬을 수 있었다. 그리고 어떤 이들이 살아남는지 관찰할 수 있었다. 어려움 속에서 생존하고 번영하는 이들의 공통점은 자신과 돈에 대해 충분히 이해하고 있다는 점이다. 이들은 돈을 다루는 동안 내면에서 무슨 일이 벌어지고 있는지 성찰했고, 삶의 목표와 돈의 속성을 연결해서 바라보는 통찰을 키웠다. 극단의 탐욕과 공포에 빠지지 않기 위해 돈 관리 시스템을 운영했다. 돈과 적정 거리를 항상 유지했다. 리추얼, 마음챙김, 머니 스크립트, 리스크 관리, 자산 배분은 이들의 돈 관리에서 뽑아낸 키워드다.

최근 MZ세대를 중심으로, 소소하고 반복적이지만 특별한 의미를 부여한 행위 속에서 성취감과 행복감을 느끼는 '리추얼 라이프ritual life'가 트주목받고 있다. '운동하기', '독서하기', '비타민 챙겨 먹기' 등이 대표적인 리추얼이다. 하지만 리추얼의 주제로 돈처럼 적합한 것도 없을 것이다. 이른바 '머니 리추얼money ritual'을 통해 몸과 마음을 괴롭히던 돈과 새로운 관계로 나아가는 것은 어떨까?

습관이나 루틴은 특별한 이유 없이 반복하는 것이라면, 리추얼은 거기에 특별한 의미를 부여한다는 점이 다르다. 마치 신성한 작업처럼 수행하는 것이 리추얼의 본질이다.

'머니 리추얼' 과정을 운영하면서 돈에 대한 사람들의 감정과 생각, 태도 등을 깊이 탐색할 수 있었다. 돈을 어떻게 이해하고 사용하는지, 얼마큼 얽매여 있는지 가감 없이 볼 수 있었다. 이 책은 이러한 관찰의 결과물이자 연습문제다. 낯선 질문과 경험에 반하는 내용에 당황할 수도 있다. 그러나 지금까지 풀지 못한 문제라면 새로운 시도를 해볼 이유는 충분하지 않을까? 이 책은 조금 천천히 읽어도 좋다. 대신 중간에 놓아버리지 않았으면 한다. 이 책을 고른 당신이 돈으로부터 자유로운 경지에 이르기를 간절히 응원한다.

이 책이 세상에 나오기까지 도와주신 분들이 셀 수 없이 많다. 그 분들이 아니었다면 책쓰기는 막연한 꿈에 지나지 않았을 것이다. 특히 이 책의 가능성을 발견해 주신 마인드빌딩 서재필 대표님께 감사한다. 나의 재무 설계 스승이자 파트너인 FLP컨설팅 최문희 대표님, 돈에 대한 진솔한 이야기를 나눠주신 머니 리추얼러들의 도움이 컸다. 그리고 헌신과 용기를 삶으로 보여주신 부모님께 존경과 감사를 전한다. 끝으로 원고를 꼼꼼히 읽고 바로잡아준 아내 이유진과 질풍노도의 시기를 보내고 있는 혜원, 윤호에게 우물 같은 사랑을 보낸다.

정재기

• 차례

자동 부자 시스템 3단계

3장

돈에 관한 자기 경험을 구체화하라

4장

자동 부자 시스템 4단계

돈 관리 핵심 기술을 내 것으로 만들어라

5장

자동 부자 시스템 5단계

투자에 성공하는 구조를 이해하라

일러두기

이 책의 사례에 등장하는 여러 사람의 이름은 편의에 의해 가명을 사용했음.

1장

자동 부자 시스템 1단계

돈과 감정의 관계를 파악하라

1

돈의 한계를 뛰어넘는 법, 머니 리추얼

코로나19로 인해 우리 일상에 커다란 변화가 생겼다. 그중에서도 가장 큰 변화는 그동안 밖으로만 향하던 관심이 자신의 내면과 일상을 돌보는 쪽으로도 향하게 되었다는 점이다. 내 삶을 소중하게 돌보며, 소소한 행복과 여유를 즐기고 싶다는 욕구를 발견한 것이다. 매일매일 성취감을 맛보고, 잘살고 있다는 증거를 확인하고 싶어 하는 사람들이 늘어나고 있다.

리추얼ritual은 이런 욕구를 충족시켜 줄 수 있는 훌륭한 도구다. 리추얼이란 '규칙적으로 행하는 의식儀式'을 뜻한다. 매주 예배에 참석하거나 시간을 정해 놓고 기도하는 것과 같이 주로 종교적 의례에 사용하던 말이다. 리추얼 자체에 심오한 의미가 있다기보다는 지향하는 바를 유지하고 단련하려는 목적이 더 크다.

아침 6시에 일어나기, 하루 1만 보 걷기, 밥 대신 샐러드 먹기, 책

읽기, 글쓰기 등 리추얼을 적용할 수 있는 대상은 무궁무진하다. 매일 아침 이불을 가지런히 정돈하는 것도 리추얼이 될 수 있다. 이불을 안 개고 출근해도 뭐라 할 사람은 없지만(부모님과 같이 사는 사람은 잔소리를 들을 수 있겠다), 이불 개기만 잘해도 하루의 첫 번째 미션을 성공한 셈이다. 이는 다음 과업을 수행할 용기를 주고, 자기 효능감도 함께 올라간다.

그런 관점에서 보면 '돈'이야말로 리추얼을 실천해야 할 핵심 주제라 생각한다. 누구도 피해 갈 수 없고, 잘못하면 상당한 고통을 안겨주지만, 반대로 잘만 다루면 삶을 여유 있고 풍요롭게 만들어 주는 것이 돈이기 때문이다. 자기 효능감, 만족감, 행복감 등의 선물도 돈과 긴밀하게 연결되어 있다. 돈을 주제로 하는 '머니 리추얼money ritual'을 해야 할 이유는 차고 넘친다.

돈은 먹고 자는 것만큼이나 일상에 많은 영향을 준다. 그러므로 당연히 리추얼이 필요하다. 하지만 돈을 실물로 다루기보다는 카드나 인터넷상의 숫자로 접할 때가 훨씬 많다 보니 '다룬다'는 느낌 자체가 흐릿해진 경향이 있다.

월급날 잠시 통통해진 통장은 각종 자동이체와 카드 대금이 빠져나간 뒤 다시 홀쭉해진다. 한 취업 포털사이트에서 실시한 직장인 설문조사에 따르면, 월급통장 잔액이 월급 받은 후 늘었다가 다시 월급 받기 전 상태로 돌아오는 데 평균 12일이 걸린다고 한다. 심지어 1~2일이면 바닥을 드러낸다는 응답도 있다. '월급이 통장을 스친다'는 말은 이같은 서글픈 현실을 그대로 보여준다. 이런 상태가 계속되면 내 돈인데 내가 어찌 할 수 없는 것이라는 생각이 커진다. 일종의 무력감마저 든다. 그렇다면 뭔가 대책이 필요하지 않을까.

돈의 주인이 되는 머니 리추얼

돈을 주제로 하는 리추얼, 줄여서 '머니 리추얼'은 내가 돈의 주인 되는 리추얼이다. 당신의 월급이 로그인되자마자 로그아웃되어버리는 현실이라면 머니 리추얼을 해 보자. 나름대로 열심히 살았다고 생각했는데 어느 날 '벼락 거지'가 된 것 같은 느낌이 든다면 머니 리추얼을 할 때다. 돈 이야기를 꺼내는 게 왠지 점잖지 못하다고 여기는 당신은 머니 리추얼이 꼭 필요한 사람이다.

그렇다면 돈의 주인이 되는 머니 리추얼은 어떻게 실천할 수 있을까? 많은 돈을 가져야 돈의 주인이 될 수 있을까? 반대로 돈의 노예가 되지 않기 위해서 무소유의 삶을 살아야 하는 걸까?

돈의 많고 적음에 따라 돈과의 관계가 달라지는 것은 아니다. 돈이 많으면 어떨까? 순자산 100억 원이 있다고 상상해 보자. 일단 좋을 것 같다. 할 수 있는 게 많아지니까. 눈치 보며 직장을 다닐 필요도 없고, 마음이 내키면 훌쩍 여행을 떠날 수도 있다. 그런데 돈이 많다고 해서 꼭 행복한 것은 아니다. 돈이 많아도 불행한 사람은 너무나 많다. 또, 돈이 많은 건 좋지만 부자가 되기까지 치러야 할 대가를 생각하면 끔찍하다.

월급은 늘 부족하다. 절대 액수가 늘어도 이상하게 부족하다. "월급은 딱 먹고 살 만큼만 준다. 월급이 끊기면 그날로 끝!"이라는 푸념이 남의 이야기가 아니다. 마치 계속 페달을 굴려야 넘어지지 않는 자전거를 타는 것 같다. 그나마 평상시에는 그럭저럭 괜찮다. 하지만 돌발상황이 생기거나 삶의 중요한 변곡점을 지날 때 문제가 발생한다. 가족 중 누가 아프거나 다쳐서 큰 비용이 들 때, 적금보다 더 빠르게 오른 전셋값이나 집값을 맞닥뜨릴 때, 직장을 잃거나 퇴직할 때 위기를 맞는다. 딱 먹고 살 만큼만 받았던 월급은 이미 사라진 지 오래다.

'그동안 무엇을 했던 걸까?' 하는 자책까지 더하면 너무 슬퍼진다. 남들처럼 재테크에 신경을 썼어야 하는데 너무 무관심했나? 돈을 펑펑 쓴 것도 아닌데 뭐가 문제였지? 질문은 꼬리에 꼬리를 물지만 이유를 찾기 힘들다.

머니 리추얼의 3단계

머니 리추얼 첫 번째 단계는 '마음챙김 소비'다. 매일매일 지출을 성찰하면서 돈과 건강한 관계를 맺고 있는지 알아차리는 것이다. 돈 쓰는 이야기가 나오면 흔히 '절약'이나 '짠돌이' 같은 단어를 연상할지 모르겠다. 안심하시라. 머니 리추얼은 무조건 돈을 적게 쓰는 걸 목적으로 삼지 않는다. 돈을 지나치게 안 쓰는, 또는 못 쓰는 것도 돈과 건강한 관계에 있지 않다는 증거다. 돈을 '조금' 쓰는 게 아니라 '제대로' 쓰는 것이 마음챙김 소비의 목적이다.

머니 리추얼 두 번째 단계는 '재정 자서전 쓰기'다. 지난날의 기억과 사건 중에서 돈과 관련된 부분만 떼어서 정리해 보는 작업이다.

지금 돈 때문에 겪고 있는 문제나 어려움은 어느 날 갑자기 생긴 게 아니다. 오랫동안 누적된 선택과 신념의 결과물이다. 돈을 인격체처럼 표현할 때도 있지만 돈 자체는 아무런 감정도 없고, 의도도 없다. 말 그대로 무생물이다. 그러나, 돈을 대하는 사람은 다르다. 무수한 감정과 이야기를 가지고 돈을 대한다. 애당초 냉철하고 합리적이기 어렵다. 다른 말로 하면 돈에 대한 신념, 편견, 왜곡된 이미지에 가려 돈을 제대로 보지 못한다. 재정 자서전을 쓰는 동안 자신도 모르게 믿고 있는 돈에 대한 신념을 발견하고 새롭게 정립하는 경험을 하게 될 것이다.

머니 리추얼 세 번째 단계는 '경제적 자유를 이루는 재정 관리'다. 이 단계에서는 살아가는 동안 돈이 제 역할을 할 수 있게 하는 다양한 전략을 탐색하고 실천한다. 먼저 돈을 리스크 관리 관점으로 바라보고, 스스로 재무 상태를 점검하는 방법, 보험을 효과적으로 활용하는 방법, 부채와 세금, 개인신용 등을 어떻게 관리해야 하는지를 배운다. 이어서 경제적 자유를 달성하는 데 꼭 필요한 투자는 어떻게 해야 하는지에 대해서도 살피게 될 것이다. 내 삶의 여정 끝까지 동행하고 수행해야 할 돈이 나보다 먼저 나가떨어진다면 어떻게 될까? 대단히 심각한 상황이 펼쳐질 것이다. 내 삶을 지탱하고 소중한 가치를 실현하는 데 필요한 금융투자의 원리와 실천 방법을 익히고 실행하는 단계가 세 번째 머니 리추얼이다.

돈과의 적정한 거리 유지하기

머니 리추얼은 돈과 적정한 거리를 유지하는 삶을 추구한다. 돈이 대화 주제로 등장하는 순간 혈압이 오르거나 자기도 모르게 위축된다면, 돈에 지나치게 밀착되어 있거나 저 멀리 내팽개쳐놓은 상태일 수 있다. 마치 모닥불에 너무 가까우면 뜨겁고 너무 멀리 떨어져 있으면 오들오들 떠는 것과 같다. 돈과 가장 안락하고 안전한 거리를 맞출 필요가 있다.

머니 리추얼은 부르면 즉각 달려오고, 눈앞에 보이지 않아도 늘 주변에서 동행하는 수행비서(호위무사) 같은 존재로 돈을 자리매김하는 것이다. 돈이 이끄는 대로 끌려다니는 게 아니라 내가 가는 길에 돈이 따라오는 삶이다. 길은 내가 선택한다. 쭉쭉 뻗은 고속도로를 질주하고 싶다면 강력한 엔진과 견고한 차체가 있어야 한다. 호젓한 오솔길을 유유자적 걷고 싶다면 편한 신발과 가벼운 차림이 제격이다. 내가 가고자 하는 길에 따라 갖춰야 하는 장비가 다르듯 돈도 마찬가지다. 누구에게나 수십억 원, 수백억 원이 필요한 것은 아니다. 내 삶의 방향과 목적에 따라 내 돈도 그에 걸맞은 모습을 갖추면 될 일이다.

머니 리추얼은 한 가지 정답을 추구하지 않는다. 저마다 추구하는 삶의 방향이 다르기 때문이다. 스스로 정해놓은 한계를 뛰어넘는 것, 애써 외면했던 돈을 직시하는 것, 돈의 주인이 되기 위한 더 나은 길에 과감하게 도전하는 당신을 응원한다.

돈 관리 스타일을 되돌아보자

"내가 스스로 나의 바둑을 이해하는 게 중요합니다. 내가 잘못 둔 수에 대해 개선책을 찾는 게 중요하니까요."

구글이 개발한 인공지능 알파고와 대국을 마친 후 이세돌 9단이 남긴 말이다. 통산 전적 1승 4패였지만 이세돌 9단은 알파고에 승리를 거둔 인류 유일의 프로바둑 기사다. 중국 바둑의 일인자 커제 9단은 알파고에 완패한 뒤 "알파고와 바둑을 두는 건 고통 그 자체였다"고 털어놨다. 인공지능 기술이 아무리 발달하더라도 무한한 바둑의 세계에서는 인간을 뛰어넘지 못하리라는 예상이 무색한 결과다.

돈 관리 실력을 높여주는 복기의 시간

바둑에는 '복기復棋'라는 독특한 리추얼이 있다. 승자와 패자가 자신들이 둔 바둑을 재연하며 분석하고 의견을 나누는 것이다. 이미

승패는 결정 났지만 그 바둑을 놓고 당사자끼리 연구하는 과정이다. 패자에겐 쓰라림의 반복이 될 수 있는 복기를 왜 하는 걸까? 더 나은 바둑을 두기 위한 과정이기 때문이다. 어떤 장면이 승부처였고, 어떤 수가 승착 또는 패착이었는지 돌아볼 수 있다. 그래서 이창호 9단은 "복기는 패자가 더 많이 거두는 시간이다"라고 했다.

이세돌 9단은 알파고에 왜 이런 수를 두었는지 의견을 들을 수 없었다. 혼자 복기하며 알파고의 의도와 계산을 짐작할 뿐이었다. 알파고 대신 바둑판 위에 돌을 놓았던, 구글 소속 아자 황 박사도 답할 수 없다. 왜 그랬는지는 오직 알파고만 알고 있다. 세 판을 내리 패하면서 승자는 이미 알파고로 확정됐다. 남은 대국도 이세돌이 전패할 것이라는 전망이 우세했다. 제3국이 끝난 후 기자회견에서 이세돌 9단은 "오늘의 패배는 이세돌이 패배한 것이지 인류가 패배한 건 아니라고 생각합니다"라고 말했다. 연이은 패배로 멘탈이 너덜너덜해질 법도 하지만 이세돌 9단은 그날도 밤새도록 복기했다. 그 집념의 결과로 제4국에서 값진 승리를 거둘 수 있었다.

돈 관리에도 복기하는 리추얼이 필요하다. 그래야 돈 관리 실력이 좋아진다. 다만 바둑에서는 상대방에게 물어볼 수 있지만 돈 관리는 그럴 대상이 없다. 마치 알파고와 대국한 이세돌 9단의 처지와 비슷하다. 현재의 내가 과거의 나에게 물어보는 수밖에 없다. 이때 기록이 남아 있다면 훨씬 수월하다. 숫자로 드러난 객관적 사실은 물론이고 그때 느꼈던 감정, 떠올렸던 생각, 몸의 감각도 중요한 단서가 된다.

철저히 계획하면 돈 관리를 잘 할 수 있다고 믿는 것은 큰 오산이다. 예상치 못한 일이 생기고, 자신도 이해되지 않는 실수를 저지른다. 이때 그냥 '운이 없었다'라거나 '다음부터 잘하자'라고 생각하는 것은 아무 도움이 안 된다. 그때 왜 그런 판단과 결정을 했는지, 다시 그 상황이 된다면 어떻게 할 것인지 생각해야 한다. 결과가 좋았을 때도 마찬가지다. 지금의 성공이 단지 운이 좋아서인지, 치밀한 분석과 인내의 결과인지 냉정하게 되새겨야 한다.

나의 소비 패턴을 파악하라

바둑 실력이 늘기 위해서는 복기가 필수라지만 초보자는 복기 자체가 불가능하다. 처음 몇 수는 기억나지만 그다음은 나아가지 못한다. 바둑 한 판에 두는 수가 얼마나 많은가. 그것을 기억했다가 복기한다는 게 가능한가 싶다. 프로기사들은 특별한 암기력을 가진 걸까. 그렇지 않다. 복기에서 중요한 것은 맥락이다. 어떤 수를 둘 때는 이유가 있다. 그 이유를 따라가다 보면 복기하는 게 그리 어렵지 않다고 한다. 바둑 초보자가 복기하기 어려운 이유는 암기 문제가 아니라 수에 맥락이 없기 때문이다. 뜬금없는 수를 남발하는 초보자의 바둑은 혼돈 그 자체다.

그러나 초보자의 바둑에도 스타일은 있다. 닥치고 공격하는 스타일, 수비를 튼튼히 하느라 속도가 느린 스타일 등 다양하다. 고수는 몇 수 두어보면서 상대의 스타일을 읽어낸다. 이 스타일을 역이용해 유리하게 판을 이끈다. 예를 들어 지나치게 공격적인 상대에게는 무리한 공격을 유도해 수비가 약해지도록 만든다. 안전 제일이 모토인

상대라면 발 빠른 행마로 바둑의 주도권을 잡는다.

지출도 마찬가지다. 계획에 의한 지출이든 충동적인 지출이든 사람마다 돈 쓰는 스타일이 있다. 얼마를 어디에 썼다는 정보만으로는 부족하다. 더 중요한 것은 지출할 때 어떤 상태였는지 되짚어봐야 한다. 그 과정에서 자신의 지출 스타일을 발견할 수 있다.

'손 따라 두면 진다'는 바둑 격언이 있다. 상대방이 둔 수에 일일이 반응하느라 흐름을 놓치고 패한다는 말이다. 자신의 지출 과정에서 특정한 자극에 자동 반응을 한다는 사실을 찾아냈다면 큰 성과다.

쓰고 난 다음의 패턴도 짚어봐야 한다. 악수惡手를 두고 난 다음에 무너지는 사람이 있는가 하면 버티고 이겨내는 사람이 있다. '될 대로 돼라'는 식으로 포기하면 아무것도 거둘 게 없다. 지출 이후에 비슷한 패턴을 반복하는지 살펴보자. 만약 비합리적인 지출이었다는 걸 깨닫고 '다음부터 잘하자'고 마음 먹는 걸로 그친다면 개선하기 어렵다. 비슷한 상황이 왔을 때 어떻게 할 것인지 대비책을 만드는 단계까지 나아가야 한다.

정석대로만 두는 바둑은 없다. 수많은 재테크 정보가 일종의 정석을 알려주긴 하지만 내 삶에 적용하는 순간 맥락이 달라진다. 설령 나는 정석대로 두고 싶어도 상대가 변칙으로 나오면 그에 맞게 대응해야 한다. 경제 환경, 심리 상태가 계속 변하는데 원칙만 고수한다고 될 일이 아니다. 매일매일을 한 판의 바둑처럼 머니 리추얼로 복기한다면 돈 관리 실력은 눈에 띄게 좋아질 것이다.

3

욕구와 두려움을 해결할 다른 방법을 찾아라

돈 관리를 잘하려면 무엇이 필요할까? 지식과 정보가 많으면 돈 관리에 도움이 된다. 돈이 많아야 잘 할 수 있다는 사람도 있다. 바꿔 말하면 관리할 돈이 없어서 못 한다는 뜻이다. 또 어떤 이는 강인한 의지가 있어야 돈 관리를 잘 할 수 있다고 주장한다. 모두 맞는 말이다. 하지만 가장 중요한 것이 빠져 있다. 바로 돈 관리를 잘하기 위해서는 감정이 돈을 지배한다는 사실을 이해해야 한다.

돈을 벌고, 쓰고, 저축하고, 투자하는 모든 영역의 주도권은 감정이 쥐고 있다. 기분이 좋아서 돈을 펑펑 쓰기도 하고, 우울한 기분을 벗어나려고 카드를 긁기도 한다. 불안해서 돈을 쓰지 못하고, 남들보다 우월한 느낌을 얻으려고 돈을 모으기도 한다. 투자가 잘 되면 뇌에서 쾌락의 호르몬 도파민이 흘러넘친다. 돈을 숫자로만 받아들이면 도저히 이해할 수 없는 일들이 무수히 많다. 돈은 감정의 영역이다.

돈을 지배하는 감정의 본질은 '욕구'와 '두려움'이다. 사람들은 감정을 감추거나 드러내기 위해 돈을 벌고 쓰고 모은다. 충족되지 않은 욕구와 두려움이 감정을 자극하고, 그 감정에 의해 돈에 대한 의사결정을 하는 것이다. 표면적으로는 그럴듯한 이유가 있어도 이미 결정된 사항에 논리를 덧붙인 것에 불과하다. 우리 뇌에서 감정을 담당하는 변연계에서 먼저 결정을 내리고, 대뇌피질에서 이를 뒷받침하는 근거를 만들어내는 식이다.

욕구 충족을 위해 돈을 쓴다

미국의 심리학자 매슬로의 '욕구위계이론'에 따르면 인간은 생리적 욕구와 안전 욕구 충족을 최우선으로 추구한다고 한다. 생존을 위해 갖춰야 할 최소한의 조건이기 때문이다. 의식주와 안전이 확보되지 않은 상태에서는 애정과 소속, 존경, 자아실현 욕구를 추구하기 어려울뿐더러 의미를 갖기도 어렵다. 그러나 자본주의가 고도화되면서 과거에는 생리적 욕구나 안전 욕구에 해당하던 것들이 사회적(애정 및 소속), 존경, 자아실현 욕구로 자리를 옮겨가고 있다.

생리적 욕구 중 하나인 식욕만 하더라도 생존을 걱정할 만큼 심각한 경우는 예전보다 많이 줄었다. 이제 '어떤 음식을 먹느냐'는 생리적 욕구가 아니라 애정 및 소속 욕구에 해당하는 경우가 많아졌다.

몇 년 전에 한 특급호텔에서 애플망고 빙수를 출시했다. 줄여서 '애망빙'이라고도 하는 이 빙수의 가격은 8만 3,000원이다(2022년 기준). 애망빙의 인기가 식을 줄 모르자 경쟁 호텔에서는 그보다 더

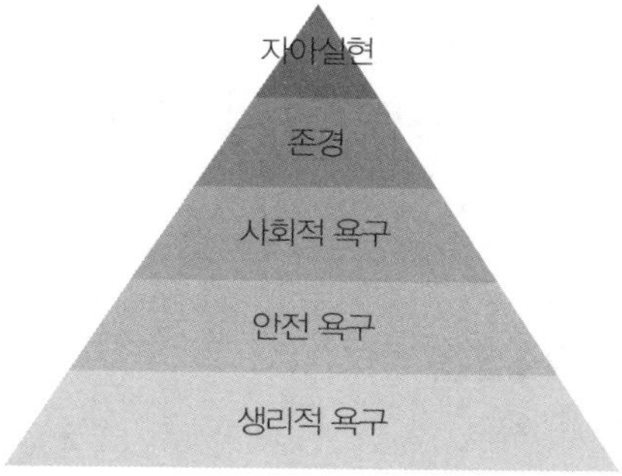

매슬로의 5단계 욕구위계이론

비싼 가격으로 샤인머스캣 빙수를 선보였다. 역시 잘 팔렸다. 특급호텔 '호캉스 입문 상품'으로 불리는 이 빙수들은 돈이 있어도 사 먹기 어렵다. 매일 한정 수량만 만들어 완판되기 때문이다. 애망빙이나 샤머빙은 생존을 위해 먹는 음식이 아니다. 인증샷을 위해 존재한다. SNS에 올리는 음식 사진은 '나는 이런 것들을 먹을 수 있는 수준의 삶을 살고 있다' 내지는 '나는 이렇게 좋은 사람들, 사랑하는 사람들과 행복하게 지내고 있다'는 표현이다.

10만 원에 육박하는 빙수를 사 먹는 것을 비난하려는 게 아니다. 한국에는 그 정도의 상품과 서비스를 소비할 수 있는 소득과 재산을 가진 사람들이 많다. 부자들을 위한 상품과 서비스가 존재할 이유는 차고 넘친다. 그 안에서 경쟁하며 발전하면 된다.

그렇다면 부자는 아니지만 특급호텔 호캉스를 즐기기 위해 1년 동안 적금을 들어서 가는 경우는 어떨까. 정신 나간 행동이라고 단정 지어 말할 수 없다. 월세 사는 사람은 특급호텔 가면 안 된다는 법도 없지 않은가. 돈을 얼마를 어디에 썼느냐만 생각하면 답이 안 나온다. '욕구를 어떻게 충족하는가?'라는 질문이 핵심이다. 돈은 욕구 충족의 유력한 수단 중 하나일 뿐이다.

두려움 해소를 위해 돈을 쓴다

의식주의 하나인 집은 어떤가. 대한민국에서 집은 단순히 사는 곳이 아니다. 자산의 대부분을 차지하고, 사회경제적 지위를 상징한다. 똑같은 30평대 아파트라도 어느 지역에 위치하느냐에 따라 가격은 10배 이상 차이가 난다. "어디 사세요?"라는 질문은 그래서 무례하기도 하고 예리하기도 하다.

영혼까지 끌어모은다는 뜻의 '영끌 대출'로 집을 사는 결정은 보는 시각에 따라 다양한 해석이 가능하다. 어떤 이들은 부동산 투기로 한몫 잡으려는 어리석은 탐욕이라 평가한다. 그러나 폭등하는 집값을 바라보다 뒤늦게라도 전선에 뛰어든 이들의 마음에는 '두려움'이 있다. 상투를 잡는(주식이나 부동산을 최고점에서 매수하는 행위) 것은 아닐까 하는 두려움도 있지만, 남들보다 뒤처질까 봐 더 두려워한다. 나름대로 성실히 살아왔는데 어느 날 돌아봤더니 비슷하다고 생각했던 이들은 저만치 앞서 나가고, 나만 '벼락 거지'가 되어버린 것 같은 두려움 말이다. 여기서 더 처지면 도저히 따라잡을 수 없을 것만 같은 두려움이 영끌을 해서라도 도전하게 만든다.

대출금은 갚을 수 있을지, 경제 상황이 바뀐다면 어떻게 대응할 것인지 생각하고 결정하는 일이지만 그 바탕에는 이같은 심리가 자리 잡고 있음을 부정할 수 없을 것이다.

어떤 이들은 돈을 쓸 때 '필요한 것'과 '하고 싶은 것'을 구분해서 필요에 해당하는 지출을 먼저 하라고 조언한다. 특급호텔 빙수는 필요한 것일까, 하고 싶은 것일까? 전세로 살면 되지, 굳이 집을 사야 할 이유가 뭐냐고 묻는다면 어떨까? 필요를 다 해결할 때까지 하고 싶은 것은 무조건 참아야 하는 걸까. 그럴 수는 없다. 그래야 한다는 주장 역시 일종의 폭력이다. 필요한 것과 하고 싶은 것의 경계도 모호하고, 사람에 따라서 채우는 순서를 달리하기도 한다.

'현대 경제학의 아버지'라 불리며 1970년 노벨 경제학상을 받은 폴 새뮤얼슨은 다음과 같은 행복 방정식을 제시했다.

$$\text{행복} = \frac{\text{소유}}{\text{욕구}}$$

인간의 욕구는 무한대에 가까워서 소유를 아무리 늘려도 행복해지기 어렵다는 말이다. 수학적으로 분모가 무한대인 값은 '0'이다. 행복지수를 올리려면 분모에 해당하는 욕구를 줄여야 한다는 결론이 나온다. 세계적인 석학의 말씀에 딴지를 거는 것 같아 죄송하지만 솔직히 말해 보자. 욕구를 마음먹은 대로 줄일 수 있나? 욕구를 줄이는 게 소유를 늘리는 것보다 더 어렵다. 욕구는 해결할 대상이지 줄인다고 줄여지는 게 아니다. '코끼리는 생각하지 마세요'라는 말을 들으면 코끼리가 더 생각난다. 그게 인간이다.

중요한 것은 자신의 경제적 능력, 그 총량 안에서 감당할 수 있는지 따져보는 것이다. 어차피 욕구는 주관적이다. 누구에게는 특급호텔 빙수가 그런 것이고, 누구에게는 모든 지출을 줄여서라도 이루고 싶은 내 집 마련이 그런 것이다. 주관적인 욕구와 객관적인 경제 능력 사이의 방정식을 풀 수 있다면 해볼 만한 일이다.

여기에 하나 더 생각해 볼 부분이 있다. 그 욕구와 두려움을 해결할 다른 방법은 없는지 살펴보는 것이다. 그동안 해오던 방식에 길든 나머지 다른 길을 찾아볼 생각조차 못 할 수도 있기 때문이다. 특급호텔 빙수를 통해 궁극적으로 채우고자 하는 욕구를 해결할 다른 방법은 없을까. 두려움의 실체를 알고 나면 다른 선택을 할 수 있지 않을까. 해결책은 소유를 늘리는 것에만 있지 않다. 욕구를 해결할 방법은 돈만 있는 것이 아니다. 감정을 잘 알아차리기만 해도 우리가 이미 가지고 있는 자원으로 문제를 해결하고 욕구를 채울 수 있다.

4

돈을 둘러싼 핵심 감정 이해하기

애니메이션 영화 〈인사이드 아웃〉을 보면 주인공 라일리의 머릿속에는 감정 컨트롤 본부가 있다. '기쁨', '슬픔', '버럭', '까칠', '소심' 다섯 감정은 감정 컨트롤 본부에서 쉴 새 없이 일한다. 대도시로 이사하면서 새로운 환경에 적응해야 하는 라일리를 위해 그때그때 감정의 신호를 보낸다. 그러나 감정들은 제대로 컨트롤 되지 않았고, 기쁨과 슬픔이 감정 콘트롤 본부를 벗어나면서 갈등은 고조된다.

우리 머릿속도 비슷하다. 특히 돈을 둘러싼 핵심 감정은 '분노', '수치심', '불안'이다. 이 세 가지 감정이 가장 밑바닥에서 돈에 관한 의사결정에 관여한다. 겉으로 드러나지 않지만 실제 권력을 휘두르는 '실세' 같은 존재다. 사람에 따라 특정 감정을 주로 느끼기도 하고, 상황에 따라 주도하는 감정이 달라지기도 한다.

돈에 대해 현명한 결정을 하려면 반드시 감정을 알아차려야 한다.

시시각각 변하는 감정을 일일이 따라잡기 어렵지만, 중요한 순간마다 나타나서 판을 주도하는 핵심 감정이 무엇인지는 알고 있어야 변화를 시작할 수 있다.

분노

분노의 사전적 정의는 '분개하여 몹시 성을 냄. 또는 그렇게 내는 성'이다. 돈에 관한 감정에 국한해서 표현하자면 '깊은 빡침'에 가깝다. 돈 이야기만 나오면 분노를 느끼는 사람들이 있다. 뭔가 공정하지 못하다고 여기기 때문이다. 똑같이 열심히 일했는데 누구는 부자가 되고 누구는 그렇지 못한 현실에 분노를 느낀다. 열심히 모은 돈으로 투자했는데 크게 손실을 입으면 분노한다. 급하다고 해서 친구에게 돈을 빌려줬는데 소식조차 끊기면 인간에 대한 회의와 함께 분노가 치밀어 오른다. 이때 분노의 방향에 따라 돈을 대하는 유형을 크게 세 가지로 구분할 수 있다.

첫째, 분노의 방향이 외부로 향하는 유형이다. 나에게 손해를 끼쳤거나 옳지 않은 행동을 한 사람, 제도를 향해 분노를 퍼붓는다. 이들은 분노를 적극적으로 표출한다. 투자에서 손실을 보았다면 투자를 권유한 금융회사 직원에게 강하게 불평을 쏟아낸다. 투자 결과에 대한 책임은 최종적으로 투자자 본인에게 있다는 걸 알지만 그래도 화가 나는 건 어쩔 수 없다.

둘째, 분노의 방향이 내부로 향하는 유형이다. 이들도 똑같이 분노를 느끼지만 그 대상이 자기 자신이다. 자신이 완벽하지 않아서 잘못된 의사결정을 했고 그 대가를 치르고 있는 것이라 여긴다. 좀 더 면밀하게 자료를 검토하고 신중하게 행동했더라면 이런 일이 없었을 것이라며 자책한다. 또는 반대로 그때 과감하게 실행에 옮겼어야 했는데 그러지 못해서 기회를 놓쳤다고 가슴을 친다.

셋째, 분노의 방향이 외부와 내부 양쪽으로 향하는 유형이다. 밖으로 확 퍼붓고 싶은 마음이 굴뚝 같다가도 인제 와서 누굴 탓하겠나 하는 마음이 든다. 화는 나는데 이러지도 저러지도 못하는 것이다. 이 모든 감정을 느끼자니 너무 피곤하고 힘들다. 따라서 이들은 무의식적으로 분노를 아예 느끼지 않는 길을 선택한다. 겉으로 보면 대범하고 태평해 보인다. 돈에 그리 연연해하지 않는 모습이다. 그러나 내면에서는 뜨거운 용광로 입구를 닫아놓고 있다. 그러다 분노로 가득 찬 용광로의 압력이 임계치에 이르면 뜬금없이 폭발하는 게 이들의 특징이다.

수치심

수치심은 그 깊이를 가늠하기 어려울 만큼 깊은 감정이다. 수치심을 느끼면서도 그 감정을 인정하는 것이 더 견딜 수 없어서 아예 감정을 단절해버리기도 한다. 수치심의 바탕에는 '나는 뭔가 잘못됐다'라는 메시지가 있다.

돈은 수치심을 자극하는 강력한 원인으로 자주 나타난다. 자본주의 사회에서는 '돈 = 가치'로 받아들인다. 돈이 있으면 가치 있는 존재가 되고, 돈이 없으면 자존감이 낮아지는 것 같다. 엄청나게 큰돈을 바라는 것은 아니다. 그저 인간적인 도리를 하면서 품위 있게 살고 싶을 따름이다. 그 과정에서 필요한 돈이 알아서 나한테 와 주면 좋겠는데 그게 잘 안된다.

호영 씨는 오랜만에 고등학교 친구들을 만났다. 학교 다닐 때 나보다 공부를 잘하지 못했던 친구가 사업으로 성공해서 근사한 모습으로 나타났다. 그 친구 앞에서 헤실거리는 친구들이 못마땅하다. 정상적인 방법으로 저렇게 큰 부자가 됐을 리 없다는 의심은 들지만 자격지심으로 보일까 봐 축하한다는 말을 보탠다. 그러다가 '내가 지금 뭐 하는 거지?' 하는 생각에 미치자 스스로 위축되면서 수치심이 확 느껴졌다.

대부분의 사람은 충분한 돈을 갖고 살지 못한다. 그래서 수치심은 너무나도 자주 만나는 감정이다. 그렇다고 돈을 대놓고 추구하는 것도 꺼려진다. '돈 밝히는 사람'이라는 평가는 동서양을 막론하고 어디서나 욕에 가깝기 때문이다. 돈 이야기를 꺼내는 것조차 익숙하지 않다.

반대로 돈을 잘 모르는 것도 부끄럽다. 현대인들의 가장 큰 관심사는 단연 돈이다. 그러다 보니 어딜 가도 재테크나 투자에 관한 이야기를 한다. 거기에 끼어서 나도 한두 마디 거들고 싶은데 쉽지 않다. 금융 지식이 없다는 게 들통날 바에는 차라리 돈에 초연한 척 사는 게 낫다고 생각한다. 그러나 가슴 한쪽에서는 또 수치심이 스멀스멀 올라온다. 이렇게 있다가는 정말 루저가 될지도 모른다는 불안과 함께 말이다.

돈 때문에 겪은 경험과 기억의 영향도 많이 받는다. 아르바이트를 하고 임금을 제대로 받지 못했던 세영 씨는 그때 일을 생각하면 지금도 몸서리가 쳐진다. 열심히 일만 했는데 어느 날 사장이 그만두라고 하면서 임금을 떼어먹은 것이다. 밀린 임금을 주겠다고 해놓고 계속 말을 뒤집는 사장에게 애원하듯 요청했지만 무시당했다. 임금체납으로 고용노동부에 바로 신고할 일이지만 그때만 해도 그런 게 있는 줄도 몰랐다. 돈을 못 받은 것도 억울하지만, 힘없고 돈 없어서 이런 모욕을 당한다고 생각하니 너무 수치스러웠다. 세영 씨는 다시는 그런 대접을 받지 않기 위해서라도 돈을 꼭 모아야 한다고 생각한다.

수치심에서 벗어나기 위해 어떤 이들은 다른 사람을 보살피고 봉사하는 전략을 택한다. 이타적인 사람은 가치 있는 사람이기 때문이다. 자신의 필요와 욕구보다는 타인에게 초점을 맞추는 데 집중한다. 남을 위해서는 기꺼이 지갑을 열다가도 정작 자신을 위해 돈 쓰는 건 무척 어려워한다.

어떤 사람들은 탁월한 성취를 이룸으로써 자신의 가치를 증명하려고 한다. 거기에 성공한 사람이라는 이미지가 꼭 필요해서 재테크도 열심히 하지만, 외모를 꾸미고 명품으로 휘감는 데도 돈을 아끼지 않는다. 때로는 일 중독에 빠져서 삶의 우선순위를 놓치는 때도 있다.

또 어떤 이들은 푼돈이나 계산하는 일상적인 일에 시간과 에너지를 쓰는 것을 죽을 만큼 싫어한다. 그런 일을 하는 건 내가 무가치하다는 증거이기 때문이다. 그런 일은 누가 대신해줬으면 좋겠고, 자신은 좀 더 가치 있고 특별한 일에 몰두하고 싶어 한다. 이들은 그런 일을 대신해줄 사람에게 지나치게 의존하거나, 일상의 돈 문제를 회피하는 경향이 있다. 돈을 쓸 때도 보편적 가치보다는 자신의 특별함, 독특함을 표현할 수 있는 곳에 소비하는 편이다. 요즘 잘 나가는 것은 오히려 배제하는 성향을 보이는 것도 이들의 특징이다.

불안

불안은 분노와 수치심 못지않게 강력한 감정이다. 돈에 관해서는 특히 그렇다. 돈이 있어도 불안하고 없어도 불안하다. 돈이 있으면 내가 돈의 노예가 될까 걱정이고, 돈이 없으면 돈 때문에 하기 싫은 일을 해야 할까 봐 두렵다. 돈이 적당히 있으면 좋겠지만 어느 정도가 적당한지도 불확실하고, 과거의 기준이 너무 빨리 변하는 것도 불안하다.

불안은 미래에 대한 감정이다. 아직 벌어지지 않은 일에 대해 미리 염려하는 것이다. 노후에 남에게 폐 끼치지 않고 경제생활을 할 수 있을지 걱정이고, 가족 중에 누가 아프거나 다치면 어쩌나 하는 염려도 크다. 불안해서 저축하고, 보험에 가입하고, 정보를 끌어모은다. 한편 미래가 불확실하기 때문에 투자를 못 하고, 돈 쓰는 게 두렵다.

돈이라는 자원이 제한적이고 언제 어떻게 될지 모르기 때문에 최대한 아끼려는 태도를 보이는 사람들이 있다. 수입과 지출 중에서도 수입을 늘리는 건 상대적으로 불확실하고, 지출은 그나마 내가 통제할 수 있는 영역이기 때문에 그와 같은 선택을 한다. 동시에 장래에 대해 전망을 하기 위해 닥치는 대로 정보를 모은다. 문제는 정보를 수집하는 원래 목적은 현명한 재정계획을 세우는 것이었는데 불안이 가중된 나머지 정보 그 자체 또는 학술적인 차원으로 확대하는 경우가 있다. 투자하려고 공부를 시작했다가 아예 '투자학'으로 빠지는 예가 대표적이다.

어떤 이들은 불안해하는 자신의 감정을 느끼는 게 너무 불편해서 그렇지 않은 것처럼 회피하기도 한다. 이들은 너무 즐겁고 낙관적이다. 반짝이는 아이디어와 임기응변에도 능해서 불안이 끼어들 틈이 보이지 않을 정도다. 돈 관리 측면에서도 내일이 없는 사람처럼 산다. 돈을 아끼는 전략보다는 더 벌면 된다는 전략을 추구하는 유형이다. 투자했다가도 손실을 기록하면 불안해하다가 원금을 회복하면 서둘러 매도하거나, 심지어 손실을 기록 중인 계좌를 보는 게 고통스러워서 그냥 팔아버리기도 한다.

돈에 관한 감정 활용하기

분노, 수치심, 불안은 없애버려야 하는 감정은 아니다. 없애고 싶다고 없앨 수도 없다. 안 느끼려고 하면 할수록 점점 더 커진다. 있는 그대로 수용하는 자세가 필요하다. 감정은 일시적이다. 잠시 찾아와 머물다가 떠난다. 내 삶의 주인은 나라는 사실을 잊지 말아야 한다. 목적지를 향해 가는 버스의 핸들은 내가 잡고 있다. 감정들은 그 여정에 잠깐씩 타고 내리는 승객이다. 감정에 낚인 나머지 버스

핸들을 감정에 넘겨주는 일만 없으면 된다.

〈인사이드 아웃〉의 감정 콘트롤 본부에서 슬픔, 버럭, 까칠, 소심 같은 부정적 감정을 추방하지 않은 이유가 무엇일까. 살아가는 데 필요하기 때문이다. 성경에 '항상 기뻐하라'라고 씌어 있지만, 그것은 기쁨 이외의 감정은 느끼지 말라거나 부정적 감정을 멀리하라는 뜻은 아닐 것이다. 기쁨이 유일한 감정인 사람과 산다고 해 보자. 생각만 해도 피곤하다.

분노, 수치심, 불안의 긍정적 측면도 있다. 부정적 감정에 사로잡히지만 않는다면 현재 마주하고 있는 현실을 더 명확하게 바라볼 수 있다. '절대 긍정'의 자세는 좋지만 늘 옳은 것은 아니다. 모든 일에는 명암이 있기 마련이다.

분노, 수치심, 불안은 생존을 위해 꼭 필요한 감정이다. 그래서 없애는 건 가능하지도 않고 바람직하지도 않다. 이를 적절히 통제할 수 있다면 이면에 숨어 있는 위험을 발견할 수 있다. 보고 싶은 것만 보고 판단하는 '확증편향'의 오류를 줄일 수 있는 것이다. 분노, 수치심, 불안을 잘 달래고 살펴야 돈에 대한 현명한 결정을 내릴 수 있다.

5

돈 관리에 필요한 세 가지 멘탈 전략

대한민국 양궁은 세계 최강이다. 올림픽에서 금메달을 못 따면 이상하게 여길 정도다. 특히 올림픽 여성 단체전에서는 1988년 서울올림픽에서 처음 종목이 생긴 이래 지금까지 9연패의 위업을 달성했다. 앞으로도 계속 기록을 이어가길 바란다. 이렇게 대한민국 양궁이 강한 이유는 무엇일까? 공정한 선발, 특별한 훈련 방법을 꼽는 전문가들이 많다. 올림픽 금메달리스트 되는 것보다 대한민국 국가대표 되기가 더 어렵다는 말이 있을 정도다. 경기마다 최상의 결과를 내지 못하면 제아무리 뛰어난 선수라도 탈락의 고배를 들게 된다.

천신만고 끝에 국가대표가 되더라도 거기서 끝이 아니다. 스포츠 대부분이 그렇지만 양궁은 특히 멘탈이 중요하다. 상대 선수와 몸을 부딪칠 일도 없고 대화도 없다. 철저하게 혼자 과녁을 상대할 뿐이다. 양궁선수들의 훈련과정을 취재한 기사에 따르면, 담력을 기르기 위해 한밤중에 공동묘지를 릴레이로 다녀오거나, 외부의 그 어떤 자극에도 평정심을 유지하기 위해 응원 열기로 뜨거운 프로야구장에서 활시위를 당기기도 한다. 이런 과정을 수없이 단련한 대한민국 양궁선수들은 '멘탈갑'이 될 수밖에 없다.

돈 관리는 멘탈 게임이다

돈 관리는 금액, 수익률, 지식, 정보 전쟁일 것 같지만 본질은 심리에 있다. 초기에는 소득이 높으면 유리해 보인다. 높은 수익률을 올리고 있다면 경제적 자유를 금방 달성할 수 있을 것처럼 보인다. 매일매일 쏟아지는 정보를 잘 활용하면 부자 되는 건 시간문제일 것 같은 착각이 든다. 그러나 돈 관리의 난이도가 점점 높아지고, 본격적인 자산관리 단계에 접어들면 멘탈의 역할이 두드러진다. 부자 되기도 어렵지만 부자로 남기가 훨씬 중요하고 어렵기 때문이다. 한때 떠들썩한 부자가 됐던 이들 중에 상당수는 처참한 말로를 보냈다. 부자가 되기는 했지만 부자로 남는 데 실패한 것이다.

멘탈이 강하다는 의미는 주변의 의견은 무시하고 자기 주관대로만 밀어붙이는 것을 말하는 게 아니다. 오히려 고집이 지나치게 센 사람은 자기 확신에 빠져서 합리적인 결정을 내리지 못한다. 그러나 멘탈이 강하면 상황의 변화를 유연하게 수용하면서도 결정을 해야 할 때는 강철같이 단단하다. 돈 관리를 잘하기 위해서는 이런 유연함과 단단함이 필요하다. 다음으로 돈 관리 전략을 '목적', '주의', '태도'라는 세 가지 키워드로 살펴보자.

돈 관리 '목적'을 분명히 하라

첫 번째 키워드는 '목적'이다. 양궁은 화살로 과녁의 정중앙을 맞히는 스포츠다. 고도의 집중력, 강한 체력, 강철같은 멘탈이 무엇보다 중요한 스포츠다. 명중시키려면 화살이 과녁을 향하고 있어야 한다. 과녁 반대편으로 활시위를 당기면 천하의 명궁도 과녁을 맞힐 수 없다. 엉뚱한 방향으로 열심히 달리는 건 목표와 점점 멀어지는 것에 불과하다. 차라리 가만히 있는 게 낫다. 한 점 오차도 없어야 한다는 말이 아니다. 전체적인 방향이 맞는다면 자잘한 오차는 가면서 수정하면 된다.

돈 관리도 마찬가지다. 당신의 돈 관리 목적은 무엇인가? 저축하는 목적, 투자하는 목적, 부채를 갚는 목적, 보험에 가입하는 목적이 있다. '10년 안에 10억 원을 모으겠다'와 같은 구체적인 시기와 금액을 설정하는 목표도 좋다. 그러나 그 목표를 달성하면 궁극적으로 이루고자 하는 목적에 얼마나 가까이 갈 수 있는지 살펴보는 게 더 중요하다. 인생 목표를 이루는 데 돈이 제 역할을 하고 있는지 짚어보고 관리하는 것이 핵심이기 때문이다.

양궁에서 10점을 못 쏘고 9점을 맞히면 실패한 것인가? 그렇지 않다. 9점을 얻을 수 있었던 건 10점을 맞히고자 하는 목적이 있었기 때문에 가능한 일이다. 방향이 맞았다면 큰 틀에서 벗어나지 않는다. 하지만 잘못된 방향은 잘못된 결과를 낳을 뿐이다.

급변하는 상황에 '주의'를 기울여라

두 번째 키워드는 '주의'다. 과녁을 향해 정조준하면 무조건 명중시킬 수 있는 건 아니다. 국가대표급 선수면 최소한 8점 이상을 계속 쏠 것 같지만 그렇지 않은 경우를 수없이 본다. 바람이 계속 변하기 때문이다. 시시각각 변하는 바람을 예민하게 체크하면서 활시위를 당겨야 한다. '지금 여기'에 주의를 집중하지 못하면 할 수 없는 일이다. 바람의 방향, 바람의 세기를 알아차리면서 과녁을 조준해야 명중시킬 수 있다.

경기가 좋아지는 국면인지 나빠지는 국면인지, 금리가 어떻게 변하고 있는지, 제도는 어떻게 바뀌고 있는지 주의 깊게 관찰할 수 있어야 한다. 이때 모든 정보가 유의미한 것은 아니다. '신호'와 '소음'을 구별할 수 있어야 한다. 안타깝게도 대부분의 정보는 소음에 가깝다. 지나치게 정보에 민감하면 주의를 흐트러뜨릴 위험이 있다. 경제 기사를 열심히 보는 것이 돈 관리에 도움이 된다고 믿는 사람들이 많다. 그러나 매일매일의 경제 뉴스에 신경 쓰다 보면 방향을 잃어버릴 수 있다. 과거의 경제 기사를 모아놓고 살펴보자. 불과 며칠 사이에 비관과 추앙을 넘나드는 기사를 어렵지 않게 찾아볼 수 있다.

자신의 컨디션에도 주의를 집중해야 한다. 매일매일의 컨디션이 다르고, 심지어 경기 중에도 컨디션은 계속 바뀐다. 자신의 재무 상태, 멘탈을 계속 체크해야 한다. 머니 리추얼은 자신의 컨디션을 주의 깊게 점검할 수 있는 유용한 시간이 된다.

긍정과 호기심의 '태도'를 가져라

세 번째 키워드는 '태도'다. 태도는 주의를 기울이는 방법이다. 태도의 핵심은 긍정과 호기심이다. 긍정과 호기심으로 임하면 힘든 사건이나 감정을 만나더라도 버틸 수 있다. 긍정과 호기심 대신 판단과 수치심을 느끼면 뇌의 학습센터가 정지된다고 한다. 대신 어떻게든 살아남으려는 쪽으로만 작동되기 때문에 스트레스 상황을 효과적으로 대응할 자원이 없어진다.

스포츠에서도 컨디션 난조로 실수할 때가 있다. 그럴 때 자신을 의심하거나 자책하다가 무너지는 예를 많이 본다. 자신의 실력을 믿고 플레이에 집중하다 보면 제 실력을 발휘할 수 있다. 합리적이고 현명한 의사결정을 내리려고 하더라도 실수를 하기 마련이다. 과거의 선택에 대해 계속 아쉬움을 갖고 사는 사람도 많다. '그때 집을 샀어야 했어', '그때 그 주식을 팔았어야 했는데', '일찍 재테크에 눈을 떴어야 했는데 그동안 난 뭘 하고 있었던 거야' 등등 자신을 비난하느라 정신이 없다. 마음 한쪽에서는 자신을 비난하고, 그런 자신을 옹호하느라 앞으로 나아갈 에너지가 전부 고갈돼 버린다.

돈 관리는 평생 해야 하는 일이다. 중간중간 결정적 순간이 있지만 그 순간을 제대로 살아내기 위해서는 평소에 꾸준해야 한다. 평소 훈련을 게을리하다가 큰 경기를 앞두고 갑자기 멘탈을 끌어올린다는 건 말도 안 되는 소리다. 돈에 대한 일상의 작은 결정부터 어떤 목적으로 행하는 것인지, 상황과 감정을 잘 관찰하면서, 긍정과 호기심으로 임한다면 누구나 멘탈갑 돈 관리 마스터가 될 수 있다.

2장

자동 부자 시스템 2단계

소비에 관한 관점을 전환하라

1

돈에 관한 생각의 틀에서 벗어나라

"모든 가능성을 열어놓겠습니다."

범인을 잡기 위해 노력하는 경찰 브리핑, 복잡한 정치공학적 계산이 깔린 정치인의 인터뷰에서 자주 등장하는 표현이다. 이미 결론을 내려놓고 펼치는 언론 플레이일 때도 있지만, 어떻게 해서든 문제를 해결하겠다는 결기가 느껴지기도 한다. 돈 관리에서도 이런 자세를 가져 보면 어떨까. 돈을 둘러싼 모든 가능성을 열어놓고 돈을 관리하는 것이다. 구체적으로는 모르겠지만 뭔가 괜찮은 결말이 그려지지 않는가.

'마음챙김'이라는 말을 들어본 적이 있을 것이다. 제일 먼저 떠오르는 이미지는 어떤 것인가. 고요히 가부좌를 틀고 앉아 명상하는 모습이 연상될지도 모르겠다. 복잡한 세상일은 잠시 접어두고 홀로 나만의 시간, 내면을 성찰하는 시간을 보내는 행위를 마음챙김으로 생각할 수도 있다. 그런 이미지로 본다면 마음챙김과 돈은 어울리지 않는 조합처럼 느껴진다. 그러나 마음챙김은 명상이나 내면 성찰 이상으로 실생활에 적용할 수 있는 부분이 많다. 마음챙김 기법은 학습, 창의성, 건강, 직장생활 등 거의 모든 일상생활에 활용할 수 있다.

'마음챙김의 어머니'로 일컬어지는 엘렌 랭어 하버드대학교 심리학과 교수는 '마음챙김이라는 것은 바로 앞에 있는데도 몰랐던 모든 경이로운 것들을 알아차리며 현재를 충실히 사는 것'이라고 정의한다. 익숙하다 못해 따분한 활동이라도 그 속에서 새로운 것을 많이 알아차릴수록 더 좋아질 수 있다는 말이다. 몇몇 제한된 가능성만 검토하던 것에서 벗어나 모든 가능성을 열어놓고 바라볼 수 있다면 생각지도 못했던 발견을 할 수 있다. 풀기 어려웠던 문제가 창조적이고 새롭고 신나는 일이 될 수 있다. 종전과 다른 접근을 시도한 결과, 문제를 해결할 가능성이 높아진다.

마음챙김 vs 마음놓침

마음챙김을 이해하는 가장 빠른 방법은 정반대의 상태를 아는 것이다. 엘렌 랭어 교수는 마음챙김을 하지 못하면 '마음놓침' 상태에 머물게 된다고 한다. 마음놓침 상태란 정해진 생각의 범주에 갇힌 상태, 생각하지 않고 반응만 하는 것, 한 가지 관점에서만 바라보고 행동하는 것을 말한다. 모두 기존의 생각, 관점을 그대로 답습하는 것이다. 마음놓침 상태에서는 새로운 것이 나올 수 없다.

직장인 대부분은 마음놓침 상태로 살아간다. 어제가 오늘 같고, 내

일도 아마 오늘과 비슷한 일상을 반복하는 삶. 그러나 참신한 아이디어와 혁신 없이는 기업과 개인 모두 생존하기 어려운 게 현실이다. 효율적인 업무처리를 위해 만들어진 규칙과 문화도 시간이 지나면서 낡은 유물이 된다. 조직 구성원 모두 익숙해져서 고칠 생각조차 하지 못하는 상태가 된다. 그걸 바꾸려는 시도는 무모한 것 내지는 질서를 어지럽히는 행동으로 간주된다. 조직에 오래 몸담은 사람일수록 더욱 그렇다.

그러나 웹툰 원작 드라마 〈미생〉의 장그래(임시완 분)는 달랐다. 장그래는 프로바둑기사가 되기 위해 노력했지만 끝내 실패하고, 종합상사 인턴사원이 된다. 직장생활에 내세울 스펙이라곤 하나도 없어 배치받은 팀에서는 유령 취급을 받는다.

하지만 장그래의 눈에는 더 나은 방법이 보였다. 기존의 파일 분류체계를 바꿔서 효율성을 높인다거나, 담당 직원의 비리가 터지면 해당 사업을 포기하던 기업문화를 바꾸어 엄청난 성과를 내는 에피소드가 대표적이다. 장그래는 기존의 틀이 없으니 범주에 갇힐 필요가 없었고, 모든 상황이 새롭다 보니 주의 깊게 의식하며 행동할 수밖에 없었고, 바둑의 수를 연구하듯 다양한 관점을 수용할 수 있었다. 〈미생〉에서 장그래는 마음챙김 상태로 직장생활을 하는 것으로 그려진다.

돈 관리에도 마음챙김이 필요하다

돈 관리에 마음챙김을 활용하면 어떻게 될까? 월급이 통장을 스치는 것만 같은데도 나아질 수 있을까? 이미 정해진 월급, 줄이기는커녕 늘기만 하는 지출, 가까스로 부은 적금은 만기가 되기 무섭게 뭉텅이로 사라지는 현실을 바꿀 수 있을까? 연봉이 몇 배씩 올라준다면 가능할 테지만 기대하기 어렵다.

어떤 이들은 긍정적인 생각을 반복하면 우주의 에너지가 부자로 만들어줄 거라는 둥, 누구나 최소한 몇십억 원의 돈을 벌 수 있는 운을 가지고 태어났기 때문에 운만 틔우면 큰 부자는 몰라도 작은 부자는 될 수 있다고 주장한다. 혹은 신에게 간절히 구하기만 하면 자손만대에 넘치도록 재물을 부어준다는 말씀을 부여잡고 때를 기다리는 이들도 많다.

그렇게 믿는 건 개인의 자유지만 마음챙김과는 거리가 멀다. 마음챙김을 돈 관리에 적용한다면 기존의 틀을 깨고, 새로운 정보를 적극적으로 받아들이며, 상황을 다른 관점으로 보려고 시도해야 한다. 지금 돈 때문에 받는 모든 스트레스를 날려버릴 유일한 길은 소득의 급격한 상승이 아니다. 투자에서 대박을 터뜨리는 것도 궁극적인 대안은 될 수 없다. '더 많은 돈을 벌면 나의 모든 재정적 문제는 해결될 거야'라는 믿음은 '되면 좋지만 아마 안 될 거야'라는 말과 다름없다.

돈 문제를 바라보는 프레임을 바꿔야 한다

'더 많은 돈 = 돈 문제 해결' 프레임 속에서는 문제를 해결할 수 없다. 심지어 더 많은 돈을 갖게 됐는데도 문제가 해결되지 않거나,

더 큰 문제에 봉착하는 예도 많다. 신입사원 시절에는 대리, 과장 연봉만 받아도 좋겠다고 생각한다. 그러나 대리, 과장이 되고 연봉이 올라도 돈 스트레스가 없어지지 않는다. 돈은 늘 부족하다.

믿기지 않겠지만 어떤 사람들은 돈이 많아지는 것을 꺼린다. 이들의 생각 속에서는 '더 많은 돈 = 더 많은 문제와 갈등'이라고 여기기 때문이다. 이런 마인드를 갖고 있는데 돈이 모일 턱이 있겠는가.

돈 때문에 받는 스트레스와 걱정의 본질을 생각해 보자. 모두가 빌 게이츠나 워런 버핏 같은 부자가 되는 걸 목표로 삼지 않는다. 그런 부자는 비교 대상이 아니다. 나랑 비슷하다고 생각했던 친구가 큰돈을 벌었다면 축하할 일이다. 그러나 동시에 스트레스가 밀려든다. 돈의 많고 적음이 절대적인 기준은 아니다. 필요한 만큼 돈이 없어서, 또는 없을까 봐 생기는 불안, 수치심, 분노가 핵심이다.

돈에 대한 정보를 개방적으로 받아들이고 있는지도 따져봐야 한다. 고정관념에 사로잡히면 보고 싶은 것만 보고, 듣고 싶은 것만 듣는 '확증편향'에 빠진다. 오로지 예금과 적금만으로 재테크를 하는 게 정답이 아닐 수도 있다. 투자에 지나치게 몰입하는 사람은 예금을 비웃지만 경기의 흐름은 언제 어떻게 바뀔지 모른다. 자신이 접하는 정보의 원천이 제한적이지 않은지, 듣고 싶은 정보만 듣고 있는 것은 아닌지 살펴본다면 깜짝 놀랄 만한 발견을 할 수도 있다.

상황을 다른 관점으로 보려고 시도해야 한다. 직장인과 개인사업자는 서로를 부러워한다. 직장인은 개인사업자를 볼 때 윗사람 눈치 안 보고 일한 만큼 돈을 벌 수 있으니 얼마나 좋을까 생각한다. 개인

사업자는 직장인에게 매달 또박또박 월급 나오는데 무슨 걱정이 있겠느냐며 다시 회사 들어가고 싶다고 말하곤 한다. 이뿐인가. 직장인 중에도 공무원은 대기업 직장인의 높은 연봉을 부러워하고, 대기업 직장인은 정년 걱정 없이 일할 수 있는 공무원이 부럽다. 자신이 처한 상황의 장점은 잘 보지 못하고 그렇지 못한 부분만 아쉬워한다.

결국 돈 문제를 바라보는 프레임을 바꿔야 한다. '통장에 얼마가 찍히느냐'로 귀결되는 관점에서 벗어날 필요가 있다. 생애 전체를 통틀어 벌어들이는 소득, 시간의 자율성, 직무 적합성, 직업의 전망 등을 종합해서 지금 할 수 있는 일에 집중하고, 그것을 창의적으로 해낼 수 있는 부분을 모색해 보자. 이전에는 보이지 않던 길을 발견할 수 있을 것이다. 마음챙김과 돈 관리를 연결할 때 나타나는 결정적 순간이 당신에게도 찾아올 것이다.

2

소비 방식의 전환이 필요하다

'마음챙김 소비'란 돈을 쓸 때마다 의식하고 의도를 알아차리는 것이다. 사람들이 돈을 쓸 때 무의식적으로 아무 생각 없이 하고 있느냐고 반문할지 모르겠다. 식사할 때 신중하게 메뉴를 고르고, 폭풍 검색으로 인터넷 쇼핑을 하는데 그게 아무 생각 없음이냐고 따지고 싶을 수도 있다.

결론부터 말하면 그렇다. 우리가 하는 대부분의 소비는 자동 반응에 가깝다. 예를 들면 '어떤 물건을 본다 → 구매한다', '스트레스를 받는다 → 쇼핑한다', '가족이 돈을 요청한다 → 지급한다'의 과정을 거친다. 어떤 물건을 사고, 얼마를 쓰느냐의 차이가 있을 뿐 자극이 오면 자동 지출로 이어진다.

홧김에 돈을 쓰는 '시발비용', 외로움을 달래려고 쓰는 '쓸쓸비용', 부주의한 탓에 안 써도 되는 돈을 쓰는 '멍청비용'이라는 신조어가

SNS에 넘쳐난다. 당시에는 너무 당연하고 합리적인 소비였다. 그러나 시간이 지나고 현실자각타임, 이른바 '현타'가 왔을 때의 그 당혹한 느낌은 불편하기 짝이 없다. 부끄러운 마음에 이불 킥을 해댄다. 더 큰 문제는 비슷한 패턴을 반복하고 있다는 것이다.

아우슈비츠에서 살아남은 후 《죽음의 수용소에서》, 《삶의 의미를 찾아서》 등의 저서를 남긴 정신과 의사 빅터 프랭클은 "자극과 반응 사이에는 공간이 있다. 그 공간에는 자신의 반응을 선택할 수 있는 자유와 힘이 있다. 그리고 우리의 반응에 우리의 성장과 행복이 좌우된다"라고 했다.

자극과 반응 사이의 공간을 활용하지 못하면 우리는 현금인출기나 다를 바 없다. 월급날이 얼마 지나지 않았는데 홀쭉해진 통장을 보며 '이게 뭔가……' 하는 마음이 들거나, 연말정산 할 때마다 '내가 번 돈은 다 어디 간 거야?'라는 의문이 든 적이 있다면 당신에게는 마음챙김 소비가 필요하다.

돈 쓸 때 느끼는 감정을 인지한다

돈을 쓸 때 돈만 이동하는 게 아니라 감정도 움직인다. 다시 말해 자극이 왔을 때 다가오는 감정, 결정하기까지 느껴지는 감정, 지출 이후에 드는 감정이 그것이다.

예를 들어 부모님 생신이 다가오면 올해는 어떻게 할까 고민한다. 작년에 드렸던 선물이나 액수를 확인하고 별문제 없으면 올해도 비슷한 수준으로 결정한다. 자극과 반응 사이에 공간이 느껴지는가? 잠시 고민하거나 선물을 고르기 위해 보내는 시간 정도가 보일 것이다.

윤정 씨는 어머니의 생신을 앞두고 있다. 윤정 씨의 내면에서 오르내리는 감정과 생각들을 살펴보자.

- **흥분 :** '올해도 멋진 선물로 엄마를 깜짝 놀라게 해드리고 싶어'
- **우울 :** '그런데 올해는 내 형편이 좀 빠듯하다'
- **죄책감 :** '작년에는 무리했지. 카드값 때문에 몇 달 고생했었지'
- **심란 :** '올해도 은근히 기대하시는 눈친데, 작년보다 못하면 어쩌지?'
- **주저함 :** '그냥 현금으로 드릴까? 어른들은 현금을 더 좋아하신다던데…'
- **부담감 :** '용돈으로 드리면 또 얼마를 드려야 하는 거야. 아… 어렵다'
- **편안함 :** '그냥 엄마한테 직접 물어볼까? 차라리 그게 나을지도 몰라'

윤정 씨는 어머니 생신 선물을 하는 과정에서 위와 같은 감정들을 알아차린다면 마음챙김 소비를 한 것이다. 작년과 비슷한 금액을 썼다면 결과적으로 똑같은 것 아니냐고 생각할 수 있다. 하지만 마음챙김 소비의 목적은 돈을 '덜 쓰는 것'이 아니다. 돈을 '잘 쓰는 것'이다. 잘 쓰는 것의 정의가 저마다 다를 테지만, 쓰고 나서 후회나 죄책감, 수치심과 같은 감정을 느꼈다면 돈을 잘 썼다고 말하기는 어려울 것이다. 반면 쓰고 난 뒤에 기쁨, 감사와 같은 감정이 올라온다면 돈을 잘 썼다고 말할 수 있다.

마음챙김 소비를 하지 않으면 구체적으로 어떤 감정을, 왜 느꼈는지 알아채지 못하고 지나가 버린다. 그냥 '느낌적 느낌'으로 기분이 좋았다거나 나빴다거나 하는 정도로 그친다. 심지어 그런 기분을 느낄 새도 없이 빠르게 자동 반응할 때도 많다.

지출 전 일단 멈춤을 실천한다

하루에 돈을 몇 번이나 지출하는지 세어본 적이 있는가? 평균 3~4회, 많으면 6~7회 되는 날도 있다. 아침에 출근하면서 커피 한 잔, 점심 식사, 점심 후 디저트, 저녁 식사, 중간중간 인터넷 쇼핑. 이렇게 하면 하루에 다섯 번 지출하는 셈이다. 하루에 다섯 번 내가 돈을 어떻게 쓰고 있는지 의식하고 감정, 생각, 몸의 반응을 살피는 게 그렇게 어려운 연습은 아닐 것이다.

여기서 가장 중요한 것은 '멈춤'이다. 돈을 쓰고자 하는 욕구나 상황이 발생할 때 일단 멈추는 것이다. 자연스럽게 숨을 쉬면서 잠깐 호흡에 집중하는 정도면 충분하다. 30초에서 1분 남짓한 이 시간을 확보하면서 떠오르는 생각이나 느낌을 관찰해 보자. 서둘러 판단하려 하지 말고 있는 그대로 지켜보면 된다.

지출할 때의 감정을 기억하고 기록한다

"알아차리기만 하는 걸로 충분하지 않을 것 같은데요?"

머니 리추얼 모듈 중에서 마음챙김 지출에 참여하는 분들이 처음에 많이 하는 말이다. 의식하고 감정을 느끼는 걸로는 뭔가 부족할 것 같다는 말이다. 충분히 그 마음을 이해한다.

당연히 그다음이 있다. 그동안 워낙 자동 반응에 익숙해져 있기 때문에 그 감각을 일깨우는 작업을 먼저 하는 것이다. 지출할 때마다 의식하고 의도를 알아차리는 연습을 하고, 그 내용을 매일 머니 리추얼 일지에 기록하는 게 그다음 과정이다. 당연히 처음에는 힘들다. 기록을 빼먹을 때도 있고, 주로 저녁에 일지를 쓰는데 낮에 느꼈던 생생한 감정이 떠오르지 않아 애를 먹기도 한다. 그래도 괜찮다. 자신을 너무 몰아붙이지 않는 게 좋다. 머니 리추얼이 자리를 잡을 때까지는 충분한 시간이 필요하다. 그때까지 자신을 격려하고 또 격려해 주자.

3

소비 관리의 기본, 영수증에 주목하자

"영수증은 버려주세요."

가게에서 물건을 사거나 식당을 나서면서 흔히 하는 말이다. 왜 그럴까? 불필요하기 때문이다. 쓰레기라고 생각해서다. 한때는 개인정보가 유출될지도 모른다는 생각에 받아오기도 했지만 찢어서 쓰레기통에 버리는 것 외에 달리 쓸모가 없다.

어떤 사람은 영수증을 안 받는 이유가 마음이 불편해서 그렇다고 한다. 영수증을 보면 마치 나를 비난하려고 모인 사람들을 대하는 것 같단다.

"오늘도 이렇게나 쓸데없이 돈을 많이 썼네."

"저축은 언제 하려고 그래?"

"조금 더 참았으면 더 싸고 좋은 걸 살 수 있었잖아."

이런 말들이 환청처럼 들리는 것 같다고 한다.

영수증으로 이어지는 나의 하루

하지만 영수증은 온전히 나를 위해 받는 것이다. 하루에 받은 영수증을 저녁에 펼쳐놓고 잠시 바라보자. 인터넷 쇼핑을 했다면 핸드폰으로 날아온 문자 메시지를 보자. 나의 하루가 영수증들로 이어지는 느낌을 받을 것이다.

출근길에 마신 아메리카노는 삐걱거리는 뇌에 들이붓는 윤활유였다. 점심시간에 동료들과 더치페이로 계산한 샐러드바 세트 메뉴는 나의 건강을 위한 최소한의 배려였을지도 모른다. 유난히 일이 풀리지 않았던 오후를 생각하면 오늘 저녁은 그냥 보낼 수 없다고 생각했을까. 친구라도 불러내서 치맥으로 나를 위로해야 했다. 자려고 누웠는데도 정신은 말똥말똥하고, 핸드폰을 보는데 폭풍할인 아이템이 눈에 띈다. '이런 게 하나 있으면 좋겠다'라고 생각했던 바로 그거다. 게다가 가격도 많이 착해졌다. '그래, 나를 위해 이 정도는 해줘야 해' 하는 마음이 드는 순간 이미 결제는 끝나 있다. '이래도 되나?' 싶은 생각이 들다가도 '어떻게든 되겠지' 하는 마음으로 넘겨버린다.

소비 패턴을 바꿔주는 영수증

영수증을 받는다고 갑자기 소비 패턴이 바뀌지는 않는다. 근검절약을 위해 영수증을 챙기는 게 아니다. 영수증을 받는 목적은 '머니리추얼'을 하기 위해서다. 영수증을 보면서 그때의 상황은 어땠는지, 나는 어떤 마음이 들었는지, 지출 이후의 느낌은 어땠는지 떠올려보자. 어떤 지출은 아무 느낌이나 기억도 남아 있지 않을 수 있다. 매일 반복적으로 하던 행위라 그럴 수도 있다. 정말 쓰기 싫은 돈이었는데 분위기상 어쩔 수 없이 떠밀리듯 지출하는 경우도 있다. 혹은 오랜만에 돈 쓰는 맛을 제대로 느낀 지출도 있을 것이다.

영수증을 볼 때 불편한 감정이 올라오더라도 일단 자신을 비난하지 말고 그 감정을 그대로 받아들이자. 서둘러 극복하려고 애쓸 필요도 없다. 합리적인 인간이 아닌 우리는 잘못된 선택과 결정을 할 때가 훨씬 많다. 하지만 그런 과정에서 '왜 그랬을까'라는 마음으로 잠시 머물러 있으면 알 수 있는 게 분명히 있다.

그냥 하루를 머릿속으로 떠올려보면서 이 작업을 할 수도 있지만, 영수증이라는 구체적인 매개체가 있으면 머니 리추얼은 훨씬 수월해진다.

4

쇼핑은 우울함을 달래주는 약이 아니다

쇼핑을 하면 기분이 좋아진다. 슬픔이 느껴질 때 쇼핑을 하면 슬픈 감정이 줄어드는 효과가 있다는 연구 결과도 있다. 미국 미시간대학교 스콧 릭 박사 연구팀이 2013년 〈소비자심리학 저널Journal of Consumer Psychology〉에 발표한 자료에 따르면 '쇼핑 테라피'는 효과가 있다. 쇼핑 테라피란 정서적 고통을 덜기 위해 상품이나 서비스를 구매하는 것이다. 슬픔, 분노, 우울 같은 감정이 느껴질 때 이를 해소하기 위해 돈을 쓴다면 쇼핑 테라피를 하는 셈이다.

쇼핑하면 왜 기분이 좋아질까. 나에게 통제권이 있다는 느낌을 주기 때문이다. 쇼핑은 본질적으로 결정하는 과정이다. 물건이 나를 고르는 것이 아니라 내가 물건을 고른다. 선택권이 나에게 있다는 사실이 기분 좋게 만든다. 슬픔이나 우울감은 무력감을 동반할 때가 많다. 활력이 떨어지고 어쩔 수 없다는 느낌에 눌린다. 그럴 때 쇼핑을 하면 내가 상황을 컨트롤할 수 있다는 생각이 들어, 자신감이 회복된다.

쇼핑은 우리의 주의를 분산시켜 우울한 느낌에서 빠져나오게 한다. 쇼핑하는 동안은 오프라인이든 온라인이든 다양한 감각 정보를 접한다. 정보의 양이 많고 자극적일수록 우울한 느낌에서 멀어진다. 백화점이나 마트에 가면 신상품, 세일 상품이 눈길을 끈다. 온라인 쇼핑몰에서는 취향 저격 상품들이 가득하다. 보는 것만으로도 기분이 전환된다. 쇼핑은 행복감을 증진시킨다.

보는 것만으로도 흥분되는 쇼핑

물건을 보는 것만으로도 뇌에서 흥분과 의욕을 불러일으키는 신경전달물질 도파민이 분출된다. 그러나 구매하기 전에 콸콸 분비되던 도파민은 구매 후에 다소 적어진다. 여행 가기 전에는 기대와 흥분으로 가득했는데 여행 중에는 몸도 지치고, 같이 간 일행과 의견 차이도 있어서 힘들었다면 도파민이 줄어서 그런 것이다.

문제는 '보는 것까지만 하고 멈출 수 있는가?' 하는 것이다. '견물생심見物生心'이라는 말이 있다. 물건을 보면 갖고 싶은 마음이 생긴다는 뜻이다. 자제력이 없으면 물건을 사게 되니 아예 안 보는 게 소비를 억제하는 길이라는 조언을 들어 봤을 것이다. 일리가 있는 말이다. 그러나 현실에서 실천하기는 참 어렵다. 백화점, 마트, 쇼핑몰을 아예 안 가면 모를까 눈 감고 지나갈 수도 없다. 온라인에서는 더 힘들다. 빅데이터 시대라 그런지 내가 검색해 본 상품, 서비스 데이터를 조합해 마음을 흔들기에 충분한 아이템들을 눈앞에 들이민다.

그뿐만이 아니다. 같은 품목이라도 비교하고 구매하는 즐거움을 빼놓을 수 없다. 거기에 가성비, 가심비 높은 상품을 구입할 때의 짜릿함은 우리를 점점 더 쇼핑의 세계로 이끈다.

쇼핑 테라피의 역설

울적한 기분을 날려버릴 수 있는 쇼핑 테라피의 '효험'에 대해서는 이 정도면 충분히 설명이 된 것 같다. 그렇다면 쇼핑을 자주 할수록 더 많은 행복감을 느끼는 것일까? 아쉽게도 그렇지 않다.

쇼핑의 긍정적 효과 이면에는 스트레스가 자리 잡고 있다. 스트레스를 해소하기 위해 쇼핑을 하지만, 쇼핑을 지속할수록 더 큰 자극을 원하게 되고, 비용을 충당해야 하는 스트레스가 쌓이는 역설이 생긴다. 안목이 높아지고 편리함에 익숙해지면서 지출이 늘어난다. 매달 갚아야 할 카드 대금이 슬슬 부담되기 시작할 즈음 '할부의 세계'로 발을 내딛게 된다.

할부 결제를 적극적으로 이용하다가 그마저도 여의치 않으면 '리볼빙의 늪'으로 빠져든다. 리볼빙은 매달 결제해야 할 신용카드 대금의 10~50% 정도만 결제하고 나머지는 다음 달로 넘기는 것이다. 처음에는 한시름 놓겠지만 카드 사용을 크게 줄이지 않으면 더 큰 빚으로 돌아온다. 리볼빙revolving은 서부영화에 등장하는 리볼버revolver 권총과 어원이 같다. 방아쇠를 당길 때마다 탄창이 돌아가는 총이 리볼버다.

리볼버에 총알을 한 발만 넣고 방아쇠를 당기는 러시안룰렛이라는 무시무시한 게임이 있다. 몇 번은 운 좋게 피할 수 있겠지만 게임이 거듭되면 반드시 총에 맞게 되어 있다. 스트레스가 점점 높아지다가 결국 사고가 터지는 것이다. 신용카드 리볼빙 서비스는 러시안룰렛 만큼이나 위험하다.

사실 돈 때문에 받는 스트레스는 부분에 불과할지도 모른다. 낮아진 자존감, 자기 비난, 수치심 등이 더 심각하다. 그리고 낮아진 자존감을 회복하기 위해 또다시 쇼핑 테라피를 선택하는 경우가 많다. 잠시나마 통제권을 회복하는 느낌을 주기 때문이다. 그러나 돈과 내면세계 모두에서 일시적인 해소와 그보다 긴 스트레스가 반복되는 헬게이트가 열린다.

올바른 쇼핑 테라피 활용법

첫 번째로 온라인 장바구니를 적극 활용해 보자. 마음에 드는 물건을 찾아내 장바구니에 넣어두기만 해도 뇌가 원하는 행복감은 충분히 누릴 수 있다. 장바구니에 넣어 놓고 2~3일 후에 (생각이 나면) 다시 들어가 보자. 그때도 여전히 가슴이 뛰는, 필요성이 차고 넘치는 물건이라면 구입하자. 하지만 2~3일 전 나를 사로잡았던 그 물건이 그다지 매력적으로 보이지 않기도 하고 생각조차 나지 않을 때도 종종 있을 것이다.

두 번째는 생활용품 구매다. 시간 내서 구석구석 찾았는데 빈손으로 나가려니 허전하다면 상대적으로 가격이 저렴한 생활용품을 사

자. 어차피 우리 뇌는 금액에 비례해서 만족감을 느끼지 않는다. 100만 원짜리를 살 때 1만 원짜리 보다 100배 더 행복하게 느끼지 않는다. 그보다는 빈도가 잦을수록 행복감을 느낀다. 오늘 안 산 건 다음에 사도 된다는 여유와 배짱을 가져도 좋다.

세 번째는 '1+1'에 속지 않는 것이다. '어차피 사놓으면 쓸 거니까 쌀 때 왕창 사놓자. 그게 남는 거야'라는 마음이 들더라도 한 번 더 생각해 보자. 그렇게 사서 다 먹지도 못하고 버리거나 냉장고에서 화석이 되어가는 식료품은 얼마인가. 또한 주방과 욕실, 옷장 구석에 처박힌 자잘한 물건은 없는지 살펴보자.

네 번째는 화가 날 때는 쇼핑을 해서는 안 된다. 미시간대학교 연구팀은 분노가 느껴질 때 쇼핑을 하면 어떤 결과가 있는지 연구했다. 결과는 '효과 없음'이었다. 흔히 '시발비용'으로 불리는 홧김비용은 불쾌한 감정을 줄이지도 못하고 돈만 쓰는 결과를 불러온다. 빅데이터 분석 기업 바이브 컴퍼니가 트위터와 블로그 등에서 시발비용 언급량을 분석한 결과, 시발비용으로 가장 많이 지출한 비용은 택시비였다. 달달하거나 자극적인 음식, 배달 음식이 그다음을 차지했다. 돈 쓰고 나서 몸도 힘들고 기분까지 별로였던 기억은 이제 그만 만들자.

5

항상 돈이 부족한 이유

'내 돈은 다 어디로 갔을까?'

연말정산이나 종합소득신고를 할 때면 드는 생각이다. 과소비를 하는 것도 아닌데 내가 번 돈은 다 어디로 간 걸까. 한 가지 짚고 넘어가야 할 것은 절대 소득이 부족한 경우다. 최소한의 생계를 위해 필요한 소득이 부족한 문제는 아끼는 것만으로 해결할 수 없다. 이런 경우라면 소득을 늘리는 쪽에 초점을 맞춰서 대책을 세워야 한다.

그렇지 않고, 아주 적게 버는 것도 아니고 심지어 연봉이 올랐는데도 돈이 부족한 현상이 반복되는 이유는 무엇 때문일까? 나만 그런 게 아니라고 위안 삼을 게 아니라 이번 기회에 원인을 찾아보자.

같은 소득, 다른 상황

소득 자체는 같더라도 개개인이 처한 상황에 따라 여유가 있기도 하고 부족할 수 있다. 같은 직장에 다니는 입사 동기 A씨와 B씨. 연봉도 똑같고 개인의 씀씀이도 거의 비슷하다.

A씨는 혼자 자취를 하며 고향에 있는 부모님께도 매달 생활비를 보내드리고 있다. 대학 다닐 때 받은 학자금 대출도 몇 년 더 갚아야 한다. 월세, 부모님 생활비, 대출 상환으로 나가는 돈의 비중이 상당하다. 저축은 대출 상환이 끝난 다음에나 시작할 수 있을 것 같다고 생각하는 중이다.

B씨는 부모님과 함께 살고 있다. 부모님이 아직 직장을 다니고 계셔서 생활비를 따로 보태지는 않는다. 대출금도 없다. 그렇다고 아무것도 안 하고 있기는 뭣해서 가전제품이나 가구를 바꿀 때 목돈을 내놓기는 한다. B씨는 재테크를 따로 하고 있지는 않지만 월급 통장에 돈이 제법 쌓이고 있다.

맞벌이 vs 외벌이

맞벌이와 외벌이 차이도 꽤 크다. 맞벌이 가정은 소득이 많지만 지출도 많다. 기본적으로 활동에 필요한 비용이 있는 데다 자녀 수, 양육 및 교육 비용에 따라 천차만별이다. 한 명이 무급휴직을 하거나 직장을 잃으면 타격이 크다. 그동안 지출하던 규모를 금방 줄이기 어렵기 때문이다. 자산 형성 측면에서 맞벌이가 유리한 부분이 많지만 내실이 부족한 사례도 자주 볼 수 있다. 재무 상황을 부부가 공유하는 경우는 그나마 낫지만, 각자 관리하는 경우는 각별한 주의가 필요하다. 서로 '어느 정도 모아놓은 돈이 있겠지'라고 기대하고 있다가 결정적 순간에 그렇지 않다는 사실을 확인하고 당황한다.

외벌이 가정은 고소득자가 아니라면 자산을 늘려가는 데 제약이 있는 것이 사실이다. 실직에 따른 위험도 크다. 그러나 외벌이 가정은 지출이 상대적으로 적다는 장점이 있고, 여건이 된다면 맞벌이로 전환해서 소득을 늘릴 수 있는 잠재력이 있다.

치솟는 집값, 교육비, 노후 준비를 생각하면 맞벌이가 필수처럼 여겨지기도 한다. 하지만 맞벌이든 외벌이든 규모에 맞게 재정계획을 세워서 관리하지 않으면 장기적으로 어려움을 겪을 가능성이 더욱 커진다.

과소비가 아니라 횟수가 문제다

'가랑비에 옷 젖는다'라는 속담이 있다. 눈에 띄게 과소비를 하지 않더라도 자잘한 소비가 모이면 결국 큰 지출이 된다. '과소비도 안 하는데 왜 이렇게 돈이 안 모일까?'라는 의문은 돈 쓰는 횟수를 줄이는 데서 답을 찾을 수 있다.

지난달 신용카드, 체크카드 명세서를 살펴보자. 결제금액에 눈이 갈 테지만 조금 다른 분석을 해 보자. 카드를 몇 번 사용했는가? 사용 횟수에 놀랄 수도 있다. 이제 사용 건수를 얼마로 줄일 수 있을지 정해 보자. 처음부터 너무 무리한 목표를 세우지 말고 충분히 할 수 있는 수준으로 정하는 게 좋다. 한 달이 너무 길면 주 단위로 해도 좋다. 카드 사용 횟수를 줄이면 사용액이 줄어드는 경험을 하게 될 것이다.

'돈 안 쓰는 날'을 실천해 볼 수도 있다. 통장과 카드에 휴가를 준다고 생각하자. 한 달에 하루나 이틀 정도를 정해서 쇼핑, 외식 등을 중단하는 것이다. 무슨 일이 생길까? 돈을 안 쓴다고 해서 굶을 수는 없으니 집에 있는 식재료에 눈이 갈 것이다. '냉파(냉장고 파먹기)'를 실천할 가능성이 높다. 나 대신 돈을 써 줄 사람을 찾아 '가족찬스' '친구찬스'를 쓰기도 할 것이다(하지만 부작용이 있기 때문에 주의하자).

사용 빈도를 줄이면 쓸 때마다 더 큰 금액을 사용할 가능성이 있지 않을까? 다이어트의 복병 중 하나가 요요현상이지만 돈은 상대적으로 그렇지 않다. 한두 번 그럴 수 있지만 소비지출의 빈도를 줄이면 총지출액이 줄어드는 효과가 있다.

과도한 자기 보상은 독이다

지출의 최우선 순위가 자기 자신이어야 한다는 점은 맞지만, 여기에도 적정선은 있다. 이 선을 넘어가면 문제가 된다. 과도한 자기 보상은 재정적, 심리적 건강을 해치는 결과를 낳는다.

그렇다면 언제 자기 보상의 욕구가 생길까. 직장에서 스트레스를 받으면 나를 달래주고 싶은 마음이 생긴다. 오랜만에 친구를 만났는데 으스대는 꼴이 못마땅하면 '내가 그 친구보다 뭐가 부족해?'라는 내면의 목소리가 들린다. SNS를 보면 다들 행복하고 여유롭고 럭셔리하게 사는 것 같다. '아낀다고 뭐가 달라져?'라는 생각이 들면서 빗장이 풀린다. 적정한 자기 보상과 과도한 자기 보상을 가르는 명백한 기준은 없다. 그러나 총량에서 적정성 여부를 따져볼 수는 있을 것이다.

공무원 K씨는 오디오 마니아다. 동호회 활동을 하면서 오디오에 대한 정보를 나누고 음악 감상하는 것이 커다란 즐거움이다. 최근 K씨는 눈독을 들이던 오디오를 싼 가격에 중고로 샀다. 하지만 아무리 중고라 해도 1,000만 원에 육박하는 수준이다. 집에 놀러 왔던 친구가 "오디오가 거기서 거기지. 100만 원짜리 보다 10배 더 좋은 소리가 나는 것도 아니지 않느냐?"며 핀잔을 주었다. 그러자 K씨는 "그렇게 생각할 수도 있지. 하지만 나는 자동차를 사지 않아"라고 대답했다. 3~4년마다 신차로 바꾸느라 할부금에 허덕이는 친구는 머쓱해졌다.

직장 생활하느라 뼈 빠지게 고생하는데 차라도 좋은 걸로 타고 싶다는 자기 보상 욕구가 있을 수 있다. 하지만 그 보상심리가 지나치면 할부금, 차량 관리비에 과도한 지출을 하게 된다. 새 차를 뽑았을 때의 즐거움은 잠깐이고 그 대가는 오래도록 치르는 악순환이 반복된다. 비단 자동차뿐이겠는가. 혹시 자신에게 보상해주는 것 중에 선을 넘고 있는 것은 없는지 살펴보자.

6

미래의 나를 위한 지출은 아끼지 말자

자기 자신을 위해 돈 쓰는 게 어려운 사람들이 있다. '살신성인'의 정신을 소비에서 유감없이 발휘하는 분들이다. 자녀, 부모님, 배우자, 형제자매, 심지어 친구와 지인을 위한 돈 쓰기가 나를 위한 지출보다 앞선다면 내가 돈을 버는 이유는 무엇인지 생각해 보자.

희재 씨는 프리랜서다. 자신의 전문성을 발휘해서 강의하고 글을 써야 수입이 생긴다. 그의 강의는 수강생들의 평가가 좋다. 늘 최선을 다해 준비하기 때문이다. 좋은 콘텐츠를 갖고 있고 시장에서 평가가 좋다면 그는 어떤 선택을 할 수 있을까? 그렇다. 강의를 더 많이 하고, 원고를 더 많이 쓰면 소득이 늘어난다. 그러나 무한정 그렇게 할 수가 없다. 시간이 한정되어 있는 데다 최근에는 후배들이 조금씩 치고 올라온다. 한정된 일감을 놓고 점점 더 치열한 경쟁을 해야 한다. 그래서 요즘 약간 지쳐 있다.

희재 씨는 주변에 사람이 많다. 강의를 마치고 핸드폰을 보면 카톡이 수십 개 와 있다. 그들을 만나고 챙기느라 적잖은 시간과 에너지를 쓴다. 당연히 돈이 든다. 그는 선물도 많이 받는다. 생일에는 각종 모바일 쿠폰 선물이 가득하다. 평소에 과일, 반찬거리 같은 현물로 받는 선물도 적지 않다. 그걸 또 자기보다 더 필요한 사람에게 나눠주느라 바쁘다. 그는 주변 사람들에게 없어서는 안 될 '주도자'다.

그런 희재 씨가 머니 리추얼을 하면서 발견한 사실이 있다. 총지출액에서 주변 사람들을 챙기느라 쓰는 돈이 30%에 이른다는 것이다. 식음료비, 선물, 경조사비가 대표적이고 교통비 중에도 상당 부분이 여기에 속하고 있었다.

하지만 이것이 문제의 핵심은 아니다. 생활비와 대출 상환, 약간의 저축을 제외하면 희재 씨 자신을 위해 쓰는 돈이 거의 없다는 사실이 더 큰 문제다. 예를 들면 남들에게는 비교적 비싼 선물도 턱턱 하면서, 자신을 가꾸고 돌보는 데는 좀처럼 돈을 쓰지 않는다. 정확히 말하면 쓰는 게 어색하고 잘 안된다. 심지어 '이래도 되나?' 하는 죄책감이 들기도 한다. 사람들을 만나서 식사하고 차 마시는 건 잘 챙기면서, 혼자 식사해야 할 때는 건너뛰거나 대충 때우는 식이다. 집에서 요리할 때도 자신의 취향보다는 가족의 입맛에 맞춘다. 바쁘니까 이것저것 다 할 수가 없는 것이다. 그러다 보니 점점 주방에 들어가기가 싫어진다고 한다. 지난 한 달 동안 온전히 자신을 위해 쓴 돈이 있었느냐는 질문에 희재 씨는 한참을 머뭇거리다가 "당근마켓에서 7천 원 주고 산 어피치 키보드"라고 대답했다.

나를 위해 소비는 얼마나 하는가

가난하던 시절, 자녀를 위해 헌신적이셨던 부모님의 이야기는 감동적이다. 생존이 최우선 목표였던 때니까. 물론 지금도 하루하루 힘겹게 생계를 이어가는 분들이 있다. 그런 사람에게 '자기돌봄'이라는 말은 사치스러움일 수도 있다. 하지만 어쩌면 힘든 상황일 수록 스스로를 아끼고 챙기는 자기돌봄이 필요할지도 모른다. 자기돌봄은 그만큼 중요한 가치가 있는 것이다.

비행기를 타면 출발하기 전에 승무원이 안전교육을 한다. 비상 탈출구 위치, 산소마스크 사용법, 구명조끼 입는 법 등을 알려준다. 만약 위급상황에 산소마스크가 자동으로 내려오면 본인이 먼저 착용한 다음, 아이나 노인의 착용을 도와주어야 한다. 맨 처음 이 수칙을 들었을 때 '노약자를 먼저 도와주어야 하는 거 아닐까?' 싶었다. 그러나 조금 더 생각해 보니 성인인 내가 정신을 잃으면 노약자를 도와줄 수 없다는 사실을 깨달았다.

돈도 마찬가지다. 내가 번 돈으로 자신을 먼저 돌보지 않으면 결정적 순간에 남을 도울 수가 없다. 설령 그런 긴박한 상황이 오지 않더라도 계속해서 자신을 소홀히 하고 돌보지 않으면 누군가를 위해 힘을 쓰기 전에 자신이 먼저 탈진해 버릴 수도 있다. 나는 끄떡 없다고 자신만만해하지 말기를 바란다. 자신이 재정적으로 어려움에 빠지는 일은 없더라도, 시간과 에너지를 쏟았던 대상에게 서운한 감정이 들거나 스스로 허무한 느낌이 들지 않으려면 자기 자신을 먼저 잘 돌봐주어야 한다.

현재의 나, 미래의 나를 위한 자기돌봄 지출

소득이 생기면 맨 먼저 나를 위한 몫을 떼어 놓자. 적은 금액이어도 상관없다. 중요한 건 순서다. 무엇에 쓸 것인지 정하지 않아도 좋다. 온전히 나를 위한 것이면 충분하다. 그 돈을 이번 달에 써도 좋고, 얼마간 모았다가 사용해도 된다. 편의상 1년 이내에 쓸 돈은 '현재의 나'를 위한 자기돌봄 지출이라고 하자. 내가 지쳐 쓰러지지 않고 주어진 길을 끝까지 완주할 수 있도록 돌봐주는 비용으로 쓰자. 생산적인 일이 아니어도 괜찮다. 오히려 즐거움, 휴식을 위해서만 쓰기로 작정해도 좋다. 수고하고 애쓴 나를 위해 자축 파티를 열어주자.

자기 계발을 위해 쓰는 돈은 일종의 투자다. '평생 직장'이라는 개념이 사라진 시대에 자신의 역량을 발전시키는 것은 재테크 수익률보다 더 중요하다. 아직 자산 규모가 작고, 소득이 적을수록 재테크에 기울이는 관심 못지않게 자신에게 투자하기를 주저하지 말자. 업무 역량뿐만 아니라 건강을 위한 투자도 빼놓을 수 없다.

영화 〈인터스텔라〉를 보면 시공간을 자유롭게 이동할 수 있게 된 아빠가 딸에게 메시지를 전하는 장면이 나온다. 만약 10년 전 나를 만날 수 있다면 무슨 말을 해주고 싶은가. 로또 번호를 알려줄까? 폭등할 주식이나 비트코인을 사놓으라고 할까? 과거의 나에게는 메시지를 전할 수 없지만 미래의 나에게는 남겨줄 것이 있지 않을까. 그것이 1년 후가 됐든 10년 후, 30년 후가 됐든 말이다.

저축과 투자는 장기적으로 자기돌봄 지출이 될 수 있다. 미래의 내가 조금 더 안락하고 여유롭게 지낼 수 있도록 준비하는 선물이라고 생각하자. 재미없게 '은퇴자금', '연금' 이런 이름 말고 미래의 내가 즐겁게 쓸 수 있는 용돈 통장 이름을 붙여보자. 가능하면 별도의 계좌로 만들어 소액이라도 시작하자. 소득이 늘면 '미래의 나를 위한 용돈 통장'에도 조금 더 넣어주는 걸 잊지 말자. 미래의 내가 분명히 고마워할 거다.

7

올바른 소비 태도가 부의 크기를 결정한다

마음챙김 소비 리추얼은 매일 자신의 소비 생활을 돌아보는 의식이다. 지출 내역이나 금액보다는 소비를 둘러싼 감정, 감각, 생각에 집중한다는 면에서 가계부 쓰기와 다르다. 소비를 결정하고 실행하는 과정을 온전히 경험하고 알아차리는 과정이다.

직장인 현영 씨는 물건을 사고, 외식하고, 비용을 지불하면서 대부분 별생각 없이 지나칠 때가 많다. 금액이 좀 크면 일시불과 할부 사이에서 잠시 고민하는 정도가 전부다. 카드 결제일이 되면 '뭐 한다고 이렇게나 썼지?' 싶은 마음이 들었다가 이내 잊혀지길 반복한다. 재테크를 잘하려면 지출 예산을 세우고 가계부도 꼼꼼히 써야 한다는 말을 듣고 시도해봤지만 얼마 안 가 그만뒀다. '가계부 쓴다고 얼마나 아끼겠어. 더 벌 수 있는 방법을 찾는 게 낫지.'라는 생각으로 위안을 삼아보지만 불안과 죄책감은 여전하다.

소비가 머니 리추얼의 출발점인 이유

돈 관리에서 많은 영역을 차지하는 것은 일상에서 매일 하고 있는 소비다. 돈을 안 벌어도 소비는 한다. 리추얼에 정해진 주기는 없지만 매일 하는 것이 가장 좋다. 매일 시간을 정해놓고 그날의 소비와 자신을 돌아보는 것이 머니 리추얼이다.

돈 관리를 잘하는 원리는 간단하다. 버는 것보다 적게 쓰고, 잉여 자금을 효과적으로 투자하는 것이다. 처음에는 별 차이가 없지만 시간이 지날수록 아끼고 모으고 불리는 효과가 드러난다. 그래서 많은 사람이 아끼기 위해서 지출 예산을 세우고 가계부를 쓰는 등의 시도를 한다. 하지만 무작정 아끼겠다는 의지만으로는 안된다. 계획을 세워야 한다. 다만 비현실적인 계획을 세워서 중간에 포기하는 일이 없도록 해야 한다. 자신이 평소 돈을 어떻게 쓰고 있는지 생각해서 그 성향에 맞게 계획을 세우도록 하자. 이런 기초적인 데이터도 없이 '이 정도는 해야 해!'라는 당위로 계획을 세우면 실패할 수밖에 없다. 자신을 너무 과신하지 말고 조급하게 생각하지 말자. 워밍업을 충분히 하고 뛰어야 부상 없이 끝까지 달릴 수 있다. 돈 관리의 워밍업이자 출발점이 소비라는 점을 꼭 기억하자.

돈 쓰는 순간에 집중하자

누군가 온종일 나를 따라다니며 브이로그를 찍었다고 상상해 보자. 돈 쓰는 장면이 몇 번은 나올 것이다. 화면 속의 나는 돈 쓸 때 어떤 모습일까. 폭풍 검색하느라 시간을 보내기도 하고, 어떨 때는 별다른 고민 없이 척척 결제한다. 친구가 좋아할 만한 선물을 사서 즐거워하고, 마지못해 쓴 돈 때문에 기분이 나빠지기도 한다. 너무 피곤해서 배달 음식을 시키려고 봤더니 최소 주문금액을 맞추면 음식이 남을 것 같아 고민이다. 엊그제 주문해서 먹다 남은 찌개가 냉장고 안에 있다는 사실이 떠올라 기분이 별로다.

마음챙김 소비 리추얼을 할 때는 돈 쓰는 순간에 주의를 집중한다. 브이로그를 찍는 것처럼 생생하게 그 장면을 담아보자. 돈 쓰기 전후로 어떤 느낌과 생각이 떠오르는지 자신에게 물어보자. 그동안 습관적으로, 특별한 주의 없이 행하던 소비과정을 입체적으로 기록해 보는 것이다. 이때 영수증을 챙기는 것도 놓치지 말자.

하루 10분 머니 리추얼

이제 머니 리추얼을 할 시간이다. 하루 중 가장 편안한 시간과 장소를 찾아보자. 눈을 감고 심호흡을 몇 번 하면서 마음을 가라앉히는 것도 도움이 된다.

그날 받은 영수증, 카드 사용 내역, 송금 내역을 보면서 그때를 되새겨 보자. 즐겁고 뿌듯한 기억, 불편하고 속상한 감정 등이 다시 느껴질 것이다. 혹은 그때는 특별한 느낌이 없었지만 돌이켜 보면서 떠오르는 감정이나 생각이 있다면 포착한다.

머니 리추얼을 기록으로 남겨야 명확해진다. 긍정적이든 부정적이든 감정은 시간이 지나면 흐릿해지기 때문이다. 글로 적어야 남는다. 어렵게 생각하지 말고 의식의 흐름대로 쓰면 된다.

머니 리추얼은 '반성'하는 시간이 아니다. 머니 리추얼을 처음 시작하는 단계에서는 더욱 그렇다. 반성이 나쁜 건 아니지만 반성에 초점을 맞추다 보면 리추얼을 하기 싫어진다. 그렇다고 무조건 잘한 점만 찾아내는 것도 바람직하지 않다. 그저 있었던 일 그대로, 느낀 것 그대로 바라보면 된다. 마치 또 다른 내가 나를 관찰하는 것처럼, 호기심 어린 시선으로 살펴보는 게 중요하다.

특별한 목적 없이 머니 리추얼을 수행해도 좋다. 그렇게 해도 시간이 지나면 돈을 어떻게 다루고 있는지 자연스럽게 드러난다. 소비를 줄이겠다는 목표를 갖고 임하는 것도 좋지만 일단은 있는 그대로 관찰하는 데 집중하기를 권한다. 본격적인 운동을 하기에 앞서 신체검사하는 것처럼, 팩트가 있는 그대로 드러나도록 하는 편이 좋다.

돈을 쓴 이유를 자문하자

불편한 질문이 있다. "이 돈은 왜 썼는가?"를 자신에게 물어보자. 일상적인 소비에 특별한 이유가 있을까 싶지만 그래도 던져보자. '어디에 얼마를 썼다'라는 기록만 한다면 가계부 쓰기와 머니 리추얼은 다를 바 없다. '왜?'라는 질문은 당신의 소비 패턴을 밝혀줄 핵심 질문이 된다.

예나 씨는 유기농 제품을 선호한다. 일반 제품보다 가격은 비싸지만 가족에게 좀 더 안전하고 건강한 음식을 해주고 싶다는 가치가 반영된 결과다. 채소류는 깨끗하게 다듬어진 것을 고르는 편이다. 밀키트와 배달 음식도 자주 이용하는 편이다. 맞벌이로 바쁜 예나 씨에게 시간은 곧 돈이기 때문이다.

머니 리추얼을 하면서 예나 씨는 깜짝 놀랐다. 식비에 생각보다 훨씬 많은 금액을 지출하고 있었기 때문이다. 뿐만 아니라 그렇게 많은 지출을 하고 있음에도 만족도는 그리 높지 않다는 사실이 더 충격이었다. 안전하고 건강한 음식은 꼭 유기농 제품을 써야 하는가에 대해 생각해보았다. 배달 음식의 편리함은 매력적이지만 갖가지 포장재를 버릴 때마다 불편한 감정이 들었다. 유기농과 배달 음식을 함께 소비하는 게 모순처럼 느껴지기도 했다.

예나 씨는 왜 이런 패턴을 갖게 됐을까? 너무 바쁘고 에너지는 딸리다 보니 아이들에게 기본적으로 미안한 마음이 깔려 있다는 걸 알아차렸다. 그런 죄책감이 '더 좋은 식재료', '시간 절약'으로 이어졌던 것이다.

유기농, 배달 음식을 이용하는 게 잘못은 아니다. 다만 예나 씨가 추구하는 삶의 방향과 소비 생활이 같은 맥락 속에 있는지, 더 나은 방법은 없는지 깊이 생각하는 계기가 된 것은 분명하다.

감정 점수를 매겨보자

돈을 쓸 때마다 다양한 감정을 경험한다. 쾌적하고 활력 넘치는 감정이 드는가 하면 정반대의 감정이 들 때도 있다. 소비 항목 하나하나마다 느꼈던 감정에 점수를 매겨보자. 유쾌하고 행복한 감정을 느꼈다면 플러스(+) 점수를, 뭔가 우울하고 불쾌한 감정이 들었다면 마이너스(-) 점수를 주도록 하자. 최저 -5점부터 최고 +5점까지

소비 감정 점수 체크

소비활동	감정 점수										
새로 발견한 커피숍 아메리카노	−5	−4	−3	−2	−1	0	+1	(+2)	+3	+4	+5
넷플릭스 자동결제 (지난달에 미해지)	−5	−4	(−3)	−2	−1	0	+1	+2	+3	+4	+5

줄 수 있다.

예를 들어 처음 가 본 커피숍에서 마신 커피가 취향을 제대로 맞춘 데다가 가격도 적당해서 만족스러웠다면 +2점을 줄 수 있다. 요즘은 자주 이용하지 않는 서비스 요금이 자동 결제된 걸 봤다면 짜증이 올라와서 −3점을 줄 수 있다.

소비할 때마다 느끼는 감정을 이렇게 점수화해서 기록해 보면 어떤 소비가 자신에게 만족감을 주는지 알게 된다. 부정적 감정을 불러일으키면서도 반복되는 소비 습관을 발견할 수도 있다.

3장

자동 부자 시스템 3단계

돈에 관한 자기 경험을 구체화하라

1

나만의 돈 이야기, 재정 자서전 쓰기

"내 인생을 책으로 쓰면 몇 권은 될 거야."

살면서 고생을 많이 하신 분들이 입버릇처럼 하는 말이다. 누구나 삶의 우여곡절이 있고, 빛나는 장면과 두 번 다시 생각하고 싶지 않은 기억이 씨줄과 날줄처럼 엮인다. 삶이란 어쩌면 책 한 권으로 담기에는 너무 대단한 것일지도 모른다.

자서전은 사회적으로 성공한 사람들의 전유물처럼 여겨진다. 그래서 자서전은 나이도 좀 들고, 높은 지위에 오른 사람이나 쓰는 것으로 생각한다. 새파랗게 젊은 사람이 자서전을 쓴다고 하면 코웃음을 칠지도 모를 일이다. 그러나 자서전은 누구나 쓸 수 있고 아무 때나 써도 된다. 한 번만 쓰라는 법도 없다. 남에게 보여주기 위한 자서전이 아니라 내 삶을 돌아보고 정리하는 작업만으로도 충분한 의미가 있다. 다만 태어날 때부터 지금까지 있었던 일들을 정리하려면 시간의 방대함에 막막해진다. 기록이 충분하지도 않다. 다른 사람이 대신 써 줄 수도 없다. 막상 써보려고 해도 적당한 글감이 떠오르지 않는다. 그래서 몇 권은 족히 쓸 것 같던 인생도 자서전으로 남기지 못한다.

재정 자서전은 나의 돈에 관한 경험이다

돈을 주제로 자서전을 쓴다면 어떨까. 삶의 수많은 기억, 경험 중에 돈과 관련된 것만 써보는 자서전, '재정 자서전'이다. 일단 주제가 명확하다. 일생 전체를 기록하는 것보다 훨씬 부담이 적다. 부자만 쓰는 것도 아니다. 내 삶 속에서 돈이 등장했던 인상적인 장면들만 모아서 그때 어떤 일이 있었고, 내 감정은 어땠고, 나는 무슨 생각을 했는지 적으면 된다.

돈 이야기는 돈에서 그치지 않는다. 재정 자서전을 쓰다 보면 가족, 친척, 친구는 물론이고 학교, 회사, 심지어 문화까지 범위가 확장된다. 그만큼 돈은 다양한 경로로 우리에게 다가왔고 수많은 얼굴을 보여줬다는 걸 알게 된다. 꼬리에 꼬리를 물고 기억 저편에 있던 일들이 되살아나기도 한다.

조금 더 적극적으로 재정 자서전을 쓰기 위해서는 가족이나 가까운 이들을 대상으로 취재를 할 수도 있다. 그 과정에서 몰랐던 사실을 찾아내기도 하고, 같은 상황을 전혀 다르게 기억하는 상대방 이야기에 놀라기도 한다. 어차피 사실관계를 밝히는 것이 재정 자서전의 목적은 아니기 때문에 시시비비를 가릴 필요는 없다. 중요한 건 내가 돈에 대해 가지고 있는 신념은 무엇인지 발견하는 것이다.

재정 자서전은 왜 쓰는가

재정 자서전을 쓰는 목적은 나를 좀 더 이해하기 위해서다. 구체적으로는 자신과 돈의 관계, 자신의 재정 상태를 심도 있게 이해하기 위해서 쓰는 것이다. 그래야 앞으로 돈을 벌고 쓰고 투자하는 데 필요한 핵심 아이디어를 얻을 수 있다.

과거에 있었던 일과 기억을 정리하는 게 재테크에 무슨 도움이 되느냐고 묻는 분들이 있다. 어차피 지나간 일들을 기록해봤자 달라지는 건 없지 않느냐는 뜻이리라. 재정 자서전을 쓰다가 남에게 빌려준 돈이 갑자기 생각나서 돌려받을 일도 없을 테고 말이다. 그보다는 빌려주고 떼인 돈이 떠올라 스트레스가 더 생길 수도 있다. 재정 자서전을 써도 재정 상태는 그대로다. 그러나 왜 이렇게 됐는지는 알 수 있다.

재정 자서전을 쓰면 자신이 돈을 대하는 태도를 알아차리게 된다. 기억조차 나지 않던 일들이 여전히 나에게 영향을 주고 있음을 깨닫게 된다. 돈과 사람으로 받았던 상처들이 치유되는 경험을 하기도 한다.

재정 자서전 쓰기는 알아차림의 과정이다. 알아차림을 통해 다른 미래를 시도해 볼 수 있다. 자기도 모르게 마음에 새겨진 신념을 다시 쓸 수 있다. 근육도 한 방향으로만 계속 쓰면 그렇게 강화되고, 다른 동작을 하면 어색해진다. 그대로 두면 굳어버린다. 안 쓰던 근육을 움직이면 처음에는 불편하다. 그러나 긴장되고 수축된 근육을 풀어주고 움직이면 몸은 훨씬 유연하고 건강해진다.

돈도 마찬가지다. 자신도 모르게 굳게 믿고 있는 돈에 대한 신념이 있다. 의심의 여지 없이 진리처럼 떠받드는 메시지를 품고 있기도 하다. 그중에 100% 터무니없는 것은 없다. 그러나 언제나 진실인 것은 아니다. 돈에 대한 사고와 태도가 경직될수록 합리적인 의사결정을 내리기 어렵다. 재정 자서전은 돈에 대한 전신 스트레칭이라고 할 수 있다. 처음에는 당연히 불편하고 고통스럽기도 하지만, 돈에 대한 유연성을 높이는 데 이만한 방법도 없다.

재정 자서전은 어떻게 쓰는가

재정 자서전을 쓰는 방식은 크게 두 가지가 있다. 시간 흐름에 따라 쓰거나, 주제별로 쓸 수 있다.

돈에 대한 최초의 기억부터 시간 흐름에 따라 쓴다면 한 편의 대서사시가 펼쳐질 수도 있다. 사건이라고 표현했지만 삶을 뒤바꿀 만큼 극적인 일이 아닌 게 대부분이다. '이런 것도 써야 하나?' 하는 생각이 자꾸 발목을 잡을 때가 있다. 그래도 괜찮다. 개인적으로 의미가 있었던 일이면 재정 자서전에 담을 소재로 충분하다. 다만 어느 시기에서 막히거나 끝까지 써 내려가기 어렵다는 단점이 있다.

주제별로 쓸 수도 있다. 예를 들면 '돈에 대한 최초의 기억', '어머니가 돈에 대해 자주 하시던 말씀' '돈과 관련해 가장 잘했던 결정' 등을 주제로 써보는 것이다. 여러 주제를 놓고 한꺼번에 쓰는 것도 좋지만, 하루에 한 가지 주제만 집중해서 쓰는 방식을 추천한다.

인터뷰 방식도 꽤 효과적이다. 인터뷰 형식은 뇌에서 질문으로 받아들여서 좀 더 적극적으로 응하게 된다. 어떤 질문은 즉각 대답할 수 있지만 어떤 질문은 아무것도 떠오르지 않는다. 그럴 때는 바로 덮어두지 말고 종일 그 질문을 놓고 기억을 떠올리다 보면 생각지도 못했던 일들이 튀어나오기도 한다. 도저히 질문과 관련된 내용이 떠오르지 않으면 그날은 그냥 넘어가도 괜찮다. 다른 질문에 대답하다가 우연히 생각날 때도 많다.

가슴에 덜컥거리는 질문을 접하기도 할 것이다. 재정 자서전을 써 보신 분들에 따르면 기억하고 싶지 않은 일을 되새기는 게 힘들었다고 한다. 주로 유년기나 청소년기에 겪었던 재정적 어려움과 관련된 일이 많았다. 원망과 좌절, 수치심으로 얼룩졌던 기억을 떠올리는 게 어찌 쉽겠는가. 성인이 된 지금 돌이켜보면 그럴 수밖에 없었던 부모님의 처지가 이해되면서도 아쉽기도 하고, 여전히 아물지 않은 상처로 남아 있는 경우도 있다. 그러나 그 어떤 경우라도 스스로 솔직하게 쓰는 것이 중요하다.

재정 자서전은 결론이 있는가

재정 자서전은 현재 진행형인 이야기다. 아직 끝나지 않은 이야기의 결말을 알 수 없지만, 재정 자서전을 쓰는 목적에 비추어 볼 때 일종의 중간 결론은 내릴 수 있다.

재정 자서전의 중간 결론은 '내가 돈에 대해 갖고 있는 신념'이다. '나는 돈이나 부富에 대해서 어떻게 받아들이고 행동했다'라고 요약할 수 있는 것이다. 아주 어린 시절부터 청소년기, 성인이 되고 돈을 직접 벌고 관리하는 지금까지 되짚어 보면 반복되는 패턴을 발견할 수 있다. 비슷한 상황에 놓였을 때 내가 내린 재무적 결정이 일정한 경향을 갖는다면 그것은 무척 중요한 신념이 있다는 증거다. 의도적으로 내린 결정뿐만 아니라 일상적으로 하는 행동 속에서도 반복되는 패턴이 있다면 그것은 재무적 신념과 관련이 있다.

어떤 이야기를 쓰게 될지 시작하기 전엔 알 수 없다. 심지어 까맣게 잊고 있었던 일들이 떠올라 당황스러울 수도 있다. 그러나 그 어떤 이야기를 쓰든지 그것은 당신의 이야기고, 돈과 어떤 관계를 맺고 있는지를 알려주는 실마리가 될 것이다.

2

돈에 관한 최초의 기억은 무엇인가

첫인상은 영향력이 크다. 돈도 마찬가지다. 당신의 돈에 대한 최초의 기억은 어떤 것이었나? 그때의 나이, 상황, 느낌은 어땠는지 떠올려 보자. 실제로 최초가 아니어도 상관없다. 지금 기억해낼 수 있는 범위 내에서 최초의 기억이면 충분하다. 강렬하지 않아도 괜찮다. 그때 나는 돈과 어떻게 만났는지 기록해 보자.

다음 네 명이 기록한 돈에 대한 최초의 기억을 참고하자.

버스 요금 50원 (성호영 님, 남)

내가 돈을 인식한 최초의 사건은 여섯 살 때 일어났다. 아버지와 회사 야유회를 갔다가 돌아오는 길이었다. 아버지는 버스 뒷자리에서 동료들과 술잔을 기울이고 있었고, 나는 버스 앞자리에서 집에 도착하기만을 기다리고 있었다. 그러다 버스가 정차하자 사람들이 우르르 내렸다. 우리 동네에 왔다고 생각한 나는 사람들을 따라 내렸다. 이윽고 버스는 출발했고 아버지를 찾았지만 보이지 않았다. 회사 직원들도 순식간에 흩어지고 없었다.

뭔가 일이 잘못됐다는 걸 직감했다. 이미 깜깜한 밤이었고 비도 추적추적 내리고 있었다. 어떻게든 집에 가야 한다는 생각뿐이었다. 집에 가려면 버스를 타야 하는데 돈이 없었다. 전철역 앞에서 쥐포 파는 할아버지가 눈에 들어왔다. 쭈뼛거리며 할아버지에게 다가가서 자초지종을 이야기하고 50원을 빌려서 버스를 타고 집에 돌아왔다.

같은 시각, 아버지는 아들이 없어진 걸 알아차리고 넋이 나간 사람처럼 백방으로 찾아다녔다고 한다. 그때만 해도 전화가 없는 집이 많았다. 아이를 찾았어도 연락할 방법이 없었던 거다. 아버지는 파출소에 미아 신고를 하고, 망연자실한 채로 집에 돌아왔더니 그토록 찾던 아들이 집에 있더란다. 그길로 아버지는 노점상 할아버지를 찾아가 크게 사례하고, 이후로도 한동안 그분을 찾아가 오징어며 땅콩을 사 오시곤 했다. 그 사건의 영향인지 모르겠지만 나에게 돈은 '문제를 해결하는 수단', '감사를 표현하는 수단'으로 각인되었다.

열지 말았어야 할 저금통 (이하림 님, 여)

형제자매가 많은 우리집은 경제 형편이 좋지 못했다. 돈 때문에 스트레스를 받는 부모님을 보면서 나는 마음이 늘 불편했다. 사고 싶은 것, 하고 싶은 것이 있어도 돈 때문에 포기할 때가 많았다.

내가 초등학교 2학년 때였다. 우리 집에는 중요한 일을 위해 돈을 모아두던 저금통이 있었다. 부모님은 아이들의 손에 닿지 않게 하려고 찬장 제일 위 칸에 저금통을 두셨다. 그러던 어느 날 과자가 너무나도 먹고 싶었던 나는 열지 말아야 할 저금통을 열고 말았다. 과자가 주는 달콤함은 금세 사라지고 집에 돌아오신 엄마한테 얼마나 혼이 났는지 모른다.

나도 잘 알고 있었다. 저금통 안에 들어 있는 돈이 어떤 돈인지 말이다. 아무리 힘들어도 절대 손대면 안 되는 돈이라는 걸 알고 있었다. 엄마에게 꾸중을 들으면서 내 마음은 복잡했다. 부모님이 소중하게 여기는 저금통에 손을 댔다는 죄책감, 먹고 싶은 과자도 사 주지 못하는 부모님에 대한 원망, '우리 집은 왜 이렇게 가난할까?' 하는 슬픔이 뒤섞였다.

정확히 그때부터는 아니겠지만 '우리 집엔 돈이 없다'라는 인식이 내게 크게 자리 잡았던 것 같다. 그래서 하기 싫으면 돈 핑계를 대면서 그만두거나, 시작조차 하지 않았던 어린 시절의 여러 장면이 저금통 사건과 오버랩되곤 한다.

저금통 놀이 (나유리 님, 여)

돈에 대한 첫 기억은 동전 저금통이다. 근검절약을 미덕으로 삼던 시대라 동전 하나도 허투루 쓰면 안 되는 것으로 여겼다. 부모님은 자녀들에게 경제 교육을 해주려고 하셨는지 나와 동생에게 각각 저금통을 사 주셨다.

누가 더 많이 모았는지 경쟁하기도 하고, 안이 훤히 들여다보이는 투명한 저금통에 모은 적도 있다. 저금통이 차면 은행에 저금하러 갔다. 은행 언니가 기특하다며 주는 사탕이 맛있었다. 심심할 때는 저금통 아래에 있는 구멍으로 동전을 모두 쏟아부어 500원, 100원, 50원, 10원짜리를 종류별로 쌓으면서 놀았다. 동전이 만들어진 연도별로 분류하는 것도 재미있었다. 100원짜리 동전이라도 디자인이 조금 다른 것이 있었는데 그런 동전들은 왠지 더 가치 있게 느껴지기도 했다. 실제로 특정 연도의 동전은 수십만 원에 거래된다고 한다. 이럴 줄 알았으면 은행에 저금할 게 아니라 그냥 저금통에 모아 둘 걸 그랬나? 그렇게 장난감처럼 동전을 가지고 놀다 보면 손에 쇳내가 진동했던 기억이 난다.

돈은 더러워 (오성원 님, 남)

동전을 삼킨 적이 있다. 출근하던 아버지가 10원짜리 동전을 하나 주셨는데 그걸 가지고 놀다가 삼켜버린 것이다. 다행히 기도와 식도에 걸리지 않았다. 병원에서 엑스레이를 찍었는데 동전이 하얀색 동그라미로 보이던 장면이 생생하다.

의사 선생님은 1~2일 내에 몸 밖으로 배출될테니 큰 걱정하지 말라고 안심시켜 주셨다. 어머니는 돈이 얼마나 더러운 건데 그걸 입에 넣었느냐며 나무라셨다. 나는 먹고 싶어서 먹은 게 아니라 억울했지만 '돈은 더럽다'는 어머니의 말씀이 머릿속에 남았다.

이렇게 돈에 대한 최초의 기억은 사람마다 매우 다양하다. 실제 동전이나 지폐를 다루었던 경험을 이야기하거나, 당시의 집안 분위기를 통해 재정 상황이나 가족 간의 관계를 떠올리기도 한다. 돈을 훔치거나 잃어버린 일을 힘겹게 기억해내는 사람도 있다.

돈에 얽힌 첫 번째 기억이 현재 돈을 대하는 태도를 모두 설명해주는 것은 아니다. 너무 억지스럽게 연결하려는 시도는 경계하는 것이 좋다. 다만 앞으로 재정 자서전을 써가는 동안 만나게 될 수많은 이야기를 여는 중요한 시작임에는 틀림없다.

3

어머니는 돈을 어떻게 대했나

사람이 태어나 자랄 때까지 어머니의 보살핌은 거의 절대적이다. 대부분의 가정에서 어머니는 주 양육자 역할을 맡는다. 그만큼 자녀에게 미치는 영향이 크다. 식습관, 생활 태도는 물론이고 돈에 대한 이미지를 형성하는 데도 중요한 역할을 한다.

어머니의 경제활동 여부는 자녀의 경제 관념에 큰 영향을 끼친다. 전업주부, 맞벌이, 아버지를 대신해서 경제활동에 나서는 경우 등에 따라 어린 자녀가 돈을 받아들이는 이미지는 사뭇 다르다. 그밖에 돈이 등장할 때 어머니가 주로 했던 말, 표정, 행동 속에서 아이들은 '돈이란 어떤 것인지, 돈은 어떻게 해야 하는 것인지'를 배운다. 혹은 '나는 절대 저렇게 하지 말아야지'라는 다짐을 가슴에 새기기도 한다.

당신의 어머니는 돈에 대해 어떤 사람이었나 생각해 보자. 돈에 얽힌 어떤 장면을 떠올려도 좋다. 돈을 모으는 데 열심인 분일 수도 있고, 관심을 갖지 않았던 분일 수도 있다. 아니면 자신과 가족, 주변을 위해 쓰기를 즐기셨을 수도 있다.

어머니와 돈이 관련된 이야기를 하면서 도무지 이해할 수 없었던 어머니의 행동을 떠올리는 이들이 있다. 당시에는 너무 어렸거나, 그렇게 할 수밖에 없었던 집안 사정을 나중에 알게 됐다고 말한다. 물론 여전히 이해할 수 없고 바람직하지 않다고 꼬집는 이들도 있다. 당신의 기억 속에 어머니는 돈과 어떤 모습으로 등장했는지 살펴보자.

돈 욕심 없는 엄마 (한보석 님, 남)

엄마는 돈이 크게 필요하지도, 돈을 써야 할 일도 많이 없는 사람이었다. 돈은 필요한 만큼만 있으면 되고, 아슬아슬할 때도 방법이 생긴다고 믿으셨다. 가부장적인 친정아버지와 남편 사이에서 욕심 부리지 않고 평화롭게 지내는 방법을 일찍 터득하신 분이었다.

그러나 나는 항상 갖고 싶은 게 많은 아이였다. 갖고 싶은 게 많다기보다 '꼭 저것'이어야만 하는, '특정한 물건'을 갖고 싶어 안달이 난 아이였다. 그런 나에게 엄마는 원하는 것보다 항상 한 단계 낮은 물건을 사 주셨다. 그럴 때마다 나는 "그렇게 비싼 것도 아닌데 왜 안 사줘? 왜 못 사줘!!!"라며 불만을 터뜨렸고, 엄마는 "그렇게 좋은 것도 아니고 비싼 것도 아닌데 꼭 그걸 사야 해?"라며 힘들어 했다.

초등학교 6학년 때 엄마랑 백화점을 갔다가 비싼 브랜드의 청재킷에 꽂혔다. 엄마는 너무 비싸서 사 줄 수 없다고 했다. 그러나 나는 그대로 물러날 아이가 아니었다. 그날에만 그 매장을 다섯 번 들러서 간절한 눈빛을 쏘았다. 우여곡절 끝에 청재킷을 손에 넣었고 대학 졸업할 때까지 가지고 있었다. 엄마는 비싼 물건값보다 이상한 데 꽂혀서 집착하는 어린 내가 힘들었던 것 같다.

아빠에게 매일 생활비를 받던 엄마 (정여름 님, 여)

결혼 후 전업주부가 된 엄마는 아침마다 아빠에게 5만 원, 10만 원씩 현금을 달라고 조르곤 했다. 아빠는 결혼 초기에 가계부 쓰는 것을 포기한 엄마에게 신용카드 한 장만을 허락했다고 한다. 엄마는 마음이 푸진 사람이었고 나는 그런 엄마가 좋았다.

돈을 벌지 않을 때도 엄마는 늘 당당했고, 다른 사람에게 베푸는 데 너그러웠다. 아빠가 못하는 자선을 대신해주는 것이니 자신에게 고마워해야 한다고 말하는 엄마는 조금 뻔뻔하긴 해도 귀여운 천사 같았다. 돈과 관련해서 엄마는 이런 말들을 자주 하곤 했다.

"돈이 인생의 전부는 아니지만, 돈이 없으면 비참해진다."

"여자도 경제력이 있어야 한다."(동시에)

"경제력 있는 남자를 만나야 한다."

"다른 건 몰라도 공부만큼은 해달라는 대로 다 시켜줄 수 있다."

"요리는 못해도 재료만큼은 최고 비싸고 몸에 좋은 걸 쓴다."

"명품백 필요 없다. 나라는 사람이 곧 명품이니까."

능력자 엄마 (손시애 님, 여)

엄마는 돈 관리에 있어서는 아주 능력자다. 결혼하셨을 때부터 철저히 가계부를 쓰셨고, 돈 관리하는 능력을 우리 남매에게 알려주고 싶으셨던 것 같다. 나와 오빠가 초등학교에 들어갔을 때부터 엄마는 용돈을 주셨고, 조금 더 컸을 때는 용돈 기입장을 쓰라고 하셨다. 하지만 나는 솔직하게 적지 않고 쓴 돈이랑 다르게 적었다. 일종의 '이중장부'를 작성한 셈이다. 솔직하게 적으면 왜 이런 걸 샀냐고 추궁당할까 봐 그랬던 것 같다. 나중에 엄마한테 들켜서 혼이 났다.

주머니에 돈을 넣어두었다가 깜빡하고 빨래 바구니에 넣어버린 적이 많았다. 엄마는 세탁기를 돌리기 전에 항상 주머니에 들어 있는 잡다한 것들을 확인하셨다. 그때 돈이 나오면 "네가 관리하지 못하는 돈은 네 돈이 아니다"라고 말씀하시면서 그 돈을 회수해 가셨다. 나는 지금도 그 버릇을 고치지 못하고 있다.

그때 엄마 말을 잘 듣는 정직한 딸이었다면, 그래서 돈 관리하는 걸 일찍 배웠더라면 어땠을까? 지금 돈과 관련해서 만족도가 높아졌을까?

엄마는 나의 멋진 전사 (허수민 님, 여)

엄마와 돈과 관련된 첫 기억은 돈 한 푼 없이 맨몸으로 쫓겨나듯 이혼하며 일주일 뒤에 데리러 오겠다던 약속이었다. 그러나 몇 년 동안 엄마와 연락은 닿지 않았고, 언니들이 엄마에게 할 말을 카세트테이프에 녹음하라고 해서 몇 번 한 기억이 있다. 나중에 안 사실이지만 돈이 하나도 없었던 엄마는 당장 우리와 살고 싶어도 함께 살 집이 없어서 (엄마 자존심에 친정에 부탁은 하지 못하고) 대만에서 2~3년간 식모로 일하면서 돈을 모았다고 한다.

나에게 엄마는 멋진 전사였다. 한국에 돌아온 엄마는 아빠와 양육권 분쟁 끝에 딸 셋과 함께 살 수 있게 되었다. 달동네 단칸방에 네 명이 누우면 꽉 차는 방이었지만 그렇게 행복할 수가 없었다. 아무리 힘이 들어도 자식들 앞에서 힘들다는 이야기나 아빠를 비난하지 않았다. 16시간씩 공장에서 일하고 돌아와 몸이 천근만근일 텐데 "너네들 덕분에 산다"라고 말씀하시곤 했다.

어느 날 동네 친구랑 놀다가 코피를 터뜨려 걱정하며 들어온 나에게 "맞고 들어온 것보다 낫다. 남자애랑 싸워서 이긴 거면 까짓 돈 물어주면 된다. 기죽지 마!"라고 하셨던 일이 기억난다. 가난했지만 엄마와 함께면 그것이 부끄럽지도 불안하지도 않았다. 지갑이 얇아도 자존심을 지키며 살아가는 방법을 삶 속에서 몸소 보여주셨다.

4

아버지는 돈을 어떻게 대했나

"내가 돈 버는 기계냐?"

중년 이후 남성들이 가족에게 서운한 감정이 격해지면 불쑥 터져 나오는 말 가운데 하나다. 자기는 가족들을 위해 죽어라 일한 죄밖에 없는데 그걸 몰라주니 섭섭하다는 뜻일 것이다.

요즘은 혼자 벌어서는 도저히 살 수 없어서 맞벌이가 필수라지만, 경제적 책임에 있어서 아버지에게 무게가 좀 더 실리는 것은 여전하다. 다만, 과묵하고 다가가기 어려운, 가부장적인 아버지상은 과거보다 매우 열어졌다. 엄마보다 아이들과 더 친밀하게 지내는 아빠들도 많다. 엄마는 공부하라고 잔소리하는데 아빠는 엄마 속도 모르고 너무 무리하지 말라고 그런다. 그러나 일반적으로 아이들은 엄마와 훨씬 많이 부딪히고 정서적으로 교감한다. 그만큼 이야깃거리가 많다.

재정 자서전을 쓸 때도 비슷한 반응이 나온다. 돈에 관해서 어머니와 있었던 이야기는 엄청나게 많은데 아버지는 훨씬 적다. 심지어 아버지가 가족을 위해 열심히 돈을 버셨다는 건 알겠는데 인상적인 장면은 떠오르지 않는다며 당혹해하는 이들도 있다. 그러나 기억의 끈을 붙잡고 거슬러 올라가 보면 의외로 강력한 한 방을 남겼던 지점을 만나게 될지도 모른다.

당신의 아버지는 돈에 대해 무슨 말씀을 자주 하셨나 떠올려 보자. 돈 이야기가 나오면 불평하거나, 걱정하거나, 자랑을 늘어놓는 편이었는지 생각해 보는 것도 도움이 된다. 아버지가 돈을 쓰는 장면을 보면서 관대하거나 엄격하다고 느낀 적은 없는가?

아빠는 돈이 없다 (손시애 님, 여)

어린 시절 아빠의 돈과 관련된 단골 멘트는 "아빠는 돈이 없다"였다. 아빠가 소득이 없거나 우리 집이 진짜 가난했던 것은 아니다. 아빠는 월급을 모두 엄마한테 드리고 용돈을 받아 쓰는 처지라 그렇게 말씀하셨던 것 같다. 아빠는 돈이 없으니 돈과 관련된 것은 엄마한테 물어보고 엄마한테 돈을 받으라고 하신 거다.

그래도 가끔 엄마 모르게 돈이 생겼다며 용돈을 주기도 하셨다. 지금 생각해 보면 주식이나 외부 강의 나가서 받은 강의료가 아니었을까 싶다. 어느 날은 우리 남매를 꾀어서 용돈 인상 공동투쟁을 하셨는데 엄마의 완강한 반대에 부딪혀 좌절되고 말았다. (불쌍한 우리 아빠…)

8살 때 IMF 외환 위기가 터져서 '아버지들이 직장을 잃고 경제 사정이 어려워져서 몹시 힘들어한다'라는 이야기를 듣고, 아빠도 그렇지 않을까 걱정했던 기억이 난다. 하지만 아빠는 공무원이었으니까 잘릴 걱정은 없었을 것이다.

아빠의 지갑에는 로또가 있다 (박지민 님, 남)

아빠 지갑에는 늘 두둑한 현금과 함께 로또가 몇십 장씩 들어 있었다. 지금도 아빠는 복권을 좋아하시는데 가끔 4등이 되면 5만 원 전부를 또 복권으로 바꾸신다. 나는 아빠가 늘 무서웠지만 아빠 지갑에 있는 수십 장의 복권을 보면 무언가 아빠한테서도 인간미가 느껴져서 좋았다.

아빠는 그냥 내가 돈이 필요하다고 하면 묻지도 따지지도 않고 엄마를 통해서 군말 없이 주셨다. 내 월급이 얼마인지, 얼마나 모았는지, 어떻게 굴리고 있는지 터치하지 않는 게 아빠와 나의 암묵적 룰이다. 마치 경제적으로도 서로 경계를 지키는 느낌이다.

그러던 아빠와 돈 때문에 크게 싸운 적이 있다. 대학을 다니다가 유학을 가고 싶다고 했을 때였다. 아빠는 내가 그냥 기업에 취직하기를 바라셨고 취직만 한다면 유학비만큼의 돈을 그냥 나에게 주겠다고 하셨다. 그러나 나는 결국 내 고집대로 유학을 갔다. 아빠는 유학을 가도 인생이 절대 달라지지 않는다고 하셨다. 그리고 그것은 사실이었다. 지금은 아빠가 그때 유학 안 가고 그 돈으로 오피스텔 샀으면 그게 몇 억 원은 됐을 거라며 농담을 하신다. 나는 그럴 때마다 너무 작아진다. 아빠가 밤낮없이 뼈 빠지게 벌어온 돈을 내가 가치 없게 써버린 것만 같아서다.

욕심부리지 마라 (나영훈 님, 남)

어릴 때 아버지와 돈에 대한 기억은 실제 용돈을 받고 이런 기억보다는 돈이라는 개념에 관한 이야기가 더 선명하게 남아 있다. 왜 이런 대화가 시작되었는지는 모르겠지만 아버지가 사람들이 사기를 당하는 이유를 설명해 주신 적이 있다.

사기는 멍청한 사람들이 당하는 게 아니라 욕심이 많은 사람들이 당하는 것이라고 했다. 내가 얻을 수 있는 보상보다 터무니없이 높은 보상을 바랄 때 사기꾼에게 당하는 것이라고. 아버지는 늘 엄청나게 잘나고 대단해지기보다는 정직하고 겸손한 것에 가치를 많이 두셨다. 나는 그런 아버지의 모습을 좋아했고 내 가치관에도 영향을 받았던 것 같다.

그런데 생각해 보면 부를 축적하는 것과 정직하고 겸손하게 사는 것은 다른 개념인데, 부를 좇는 것은 왠지 욕심을 부리는 것 같고, 약간의 불행을 감수해야 하는 일인 것처럼 느껴졌다. 지금 아버지의 돈에 대한 가치관은 많이 달라졌지만, 어릴 때 내가 아버지에게 받은 돈에 대한 메시지는 '욕심을 부리지 말아야 한다'라는 감각에 가까웠던 것 같다.

세상에 공짜는 없어 (정여름 님, 여)

초등학교 고학년이 되었을 무렵부터 아빠는 일주일에 한 번씩 직접 용돈을 주셨다. 가끔 돈이 부족해 용돈을 더 받기 위해서는 많은 잔소리를 들어야 했다. 용돈을 줄 때 영 탐탁지 않아 하는 아빠의 표정과 말투 때문에 용돈을 받을 때마다 늘 불편했다. 차라리 집안일을 돕거나 심부름을 해서 받는 돈이 훨씬 마음 편했다.

아빠는 내가 흰머리를 뽑을 때마다 한 올에 50원씩 쳐서 돈을 주셨다. 나는 그 일을 참 좋아했다. 덤벙대는 엄마보다 훨씬 정확도가 높고 꼼꼼하다며 아빠는 나를 신뢰하셨다. 어쩌다 잘못 뽑은 검은 머리카락은 아빠가 안 볼 때 소파 아래로 슬쩍 떨어뜨렸는데, 아빠는 그것도 모르고 수고했다는 말과 함께 기분 좋은 얼굴로 내게 돈을 주곤 하셨다. 평소에 거의 웃지 않는 아빠의 입꼬리가 슬며시 올라가는 것만으로도 나는 아빠도 이 시간을 꽤 좋아하신다는 것을 알 수 있었다. 내가 그 어린 나이부터 노동의 참 기쁨을 알았다기보다는 돈을 주시는 아빠의 반응이 극명하게 대조되었기 때문에 신나게 그 일을 했다.

나는 엄마뿐만 아니라 자식에게도 칼같이 대하는 아빠를 스크루지 영감 같다고 생각했고, 한편으로는 야속하긴 했지만 그다지 틀린 말도 아니라고 생각했다. 그렇지 않아도 아빠 성격을 많이 닮은 나는 아빠의 경제관이 담긴 메시지를 고스란히 들으며, 아빠 못지않은 스크루지 아가씨로 자라났다. 아빠는 습관처럼 이런 말을 하셨다.

"일하지 않는 자, 먹지도 말라!"

"게으르면 가난을 면할 수 없다."

"세상에 공짜는 없다. 부모 자식 간에도 마찬가지다."

"내가 찾지도 않았는데 들어오는 유혹적인 제안은 모두 사기다."

"네가 내 마음에 들어야만 경제적 지원을 해줄 수 있다."

5

어릴 적 우리 집 경제 상황은 어떠했나

집집마다 재정 상황은 변하기 마련이다. 시간이 지날수록 점점 나아지는 집도 있고, 큰 시련을 겪기도 한다. 당면한 문제를 해결하기 위해 지나치게 절약을 강조하거나, 실제 형편에 비해 과도한 소비를 일삼는 경우도 종종 발견된다.

아주 어릴 때는 환경 변화에 민감하지 않을 수 있지만 자라면서 집안 분위기, 친구나 친척들과 교류하면서 돈을 바라보는 특별한 시각을 갖게 된다. 돈은 어떤 것이라거나, 어떻게 다루어야 한다는 구체적인 지침을 전수받는 것은 아니지만, 신뢰할 만한 사람들의 말과 행동에서 돈에 대한 신념을 새기기도 한다.

10대가 되면 돈에 대한 인식은 좀 더 선명해진다. 우리 집이 다른 집에 비해 재정적으로 여유가 있는 편인지, 그렇지 않은지 구체적으로 인식하는 것도 대개 이 시기다. 부모님이 넉넉하게 재정적 지원

(용돈, 옷, 신발, 사교육 등)을 해주셨거나, 강력하게 요구해야 얻을 수 있었거나, 요구해봤자 안 된다는 걸 너무 잘 알아서 포기해버린 상황 등에 따라 재정 자서전에 담기는 이야기의 결은 무척 다르다.

그렇다고 해서 가난한 유년 시절을 보낸 사람은 '돈에 대해 악착같다'라거나 '돈을 죄악시한다'라는 식의 연결은 바람직하지 않다. 반대의 경우도 마찬가지다. 유복한 청소년기를 보냈다고 해서 '돈에 대해 자유롭다'라거나 '돈 관리를 잘할 것이다'라고 결론 내릴 수 없다.

똑같은 환경에서 자란 형제자매가 동일한 재정적 사건에 대해 각기 다른 이해와 해석을 하는 경우도 많다. 돈에 대한 신념이 환경의 영향을 받는 것은 맞다. 그러나 같은 환경에 노출되더라도 사람에 따라 전혀 다른 스토리로 받아들이는 예는 셀 수 없이 많다. 똑같은 재정적 사건을 경험한 형제자매가 정반대의 신념체계를 갖는 것도 이 때문이다.

유년기와 청소년기의 재정 자서전을 쓸 때 다음과 같은 질문에 답해보는 것도 도움이 될 것이다.

- 용돈을 받으면 어떻게 했나요?
- 생일이나 명절은 어떻게 보냈나요?
- 자기 집 경제 상황을 알았을 때 어땠나요?
- 그때 느낌과 그 후의 행동은 어땠나요?
- 남의 돈이나 물건을 훔친 적이 있나요?

반지하에서 아파트로 (나영훈 님, 남)

초등학교 저학년 때까지 아빠, 엄마, 나, 동생, 할머니 이렇게 다섯 식구가 반지하에 살았다. 아직도 우리 집까지 들어가는 길이나 집 구조가 생생하게 기억난다. 대문을 열고 들어가면 맞은 편에 반지하로 이어진 통로가 있었다. 반지하에는 두 집이 살았는데 우리 집은 안쪽이었다. 주인집은 작은 마당을 지나 몇 계단 올라간 곳에 있었다. 주인집 현관은 깨끗하고 정돈된 느낌으로, 어수선한 물건으로 가득한 반지하와 대조적이었다. 어린 나이였지만 그런 차이에 불편한 인상이 남아 있다. 부의 차이에 대한 인식이 그때부터 생겼던 것 같다.

초등학교 2학년 때 우리 집은 청약에 당첨되어 작은 아파트로 이사했다. 부모님과 할머니는 매우 기뻐하셨고, 우리가 주인인 집에 들어가는 것이라고 했다. 그 당시 내 세계관에서는 '제일 잘 사는 사람 = 주인집'이었으므로 그 말을 듣고 우리 집이 엄청난 부자가 된 줄 알았다.

그렇게 아파트로 이사 간 이후로는 이웃이나 친구들의 사정이 나와 크게 차이가 나지 않았던 것 같다. 좀 더 좋은 옷과 신발을 갖고 있는 아이들도 있었지만, 집에 놀러 가면 대부분 우리 집과 비슷비슷하게 살고 있었다. 그래서인지 대학에 들어가기 전까지는 이웃이나 친구에게서 부의 차이를 크게 느꼈던 적은 없었다.

우리 집은 가난해서 그런 거 못 사줘 (나유리 님, 여)

부모님은 내가 어렸을 때 사업을 하다 큰 빚을 지셨다. 나중에 알게 되었지만 그중에는 사채도 있어서 엄청난 이자를 갚아야 했다. 그 빚은 내가 대학생이 됐을 때쯤 모두 청산하셨다고 한다.

부모님은 늘 바쁘고 쫓기듯 일을 하시긴 했지만 나는 우리 집이 그 정도의 빚이 있는지 몰랐다. 엄마가 종종 우리 집이 망하기 일보 직전인 것처럼 말씀하셔도 심각하게 받아들이지 않았다. 그래도 형편이 남들만큼은 되고, 좋은 물건이나 브랜드 옷은 안 사 주셔도 공부에 대한 지원은 아낌없이 해주셨다. 그래서인지 '우리 집은 가난하지만 나는 괜찮다'라는 인식이 있었다. 값비싼 물건은 살 수 없을 만큼 가난하지만 학원은 맘껏 다닐 수 있을 정도로는 풍족했다.

나는 엄마의 "우리 집은 가난해서 그런 거 못 사줘"라는 말이 참 듣기 싫기도 하고 변명 같기도 했다. 내가 느끼기엔 그렇게 가난한 것 같지 않은데 '엄마 생각에 필요 없는 물건을 사달라고 하는 게 싫어서 저러는 거야. 치사해!'라는 생각과 '정말 어려운 상황인데 나에게 이렇게 지원하는 건가? 내가 잘해야겠다'라는 두 가지 생각이 함께 있었다.

첫 아르바이트 (허수민 님, 여)

내 첫 아르바이트는 초등학교 6학년 때였다. 마이마이(삼성전자에서 만든 소형 카세트 플레이어)가 갖고 싶었다. 지역 구인신문을 뒤적거리며 전화해 보다가 할 수 있는 일들을 몇 가지 찾았다. 전단지 붙이기와 찹쌀떡 팔기. 엄마는 위험하다며 그냥 돈을 주시겠다고 하셨지만 해 보고 싶었다.

전단지 알바는 일당 2만 원, 찹쌀떡은 판매액의 절반을 가져가는 것이었는데 생각보다 수입이 괜찮았다. 찹쌀떡 팔기는 친구와 함께 했는데 사람들에게 어렵사리 말을 걸어보기도 하고, 무작정 문 열린 가게에 들어가 사달라고 하기도 했다. 그렇게 며칠을 다니다가 오후 3~4시쯤 병원 간호사 언니들에게 가면 정말 잘 사 준다는 것을 알게 됐다. 장사의 비결을 알게 된 나는 하루에 9만 원을 벌기도 했다. 엄마의 반대로 1주일 만에 끝났지만 내가 처음 돈을 벌어 본 귀한 경험이자, 사람이 뭘 하든 굶어 죽진 않겠구나 하는 자신감이 생긴 경험이기도 하다.

6

나의 20대, 돈을 어떻게 생각했나

돈에 관한 생각, 감정, 태도를 형성하는 데 유아기와 청소년기 영향이 크지만, 20대의 경험도 그에 못지않다. 이때는 법적으로는 성인이지만 돈에 관해서는 아직 충분히 성장하지 못한, 어딘가 어정쩡한 시기라고 할 수 있다. 돈을 어떻게 다루어야 하는지 제대로 익히지 못한 채 20대를 맞이하는 이들이 대부분이다.

재정 자서전에 기록되는 20대는 실수와 상처가 자주 등장한다. 나쁜 어른들의 악행이나 꾀임에 당한 경험이 심심찮게 나온다. 재정적으로 만족할 만한 결과를 얻고 나서 운과 실력을 구분하지 못해 결국엔 실패했던 경험담도 볼 수 있다. 혹은 돈과 멀찍이 떨어진 채로 지내는 사람들도 많다.

학비를 어떻게 마련했는지도 중요한 포인트다. 부모님이 등록금을 마련해주셔서 걱정 없이 학교를 다녔든, 장학금을 받거나 학자금 대출을 받았든 20대의 학자금 조달은 재정 자서전에서 중요한 소재다. 아르바이트하면서 냉엄한 현실을 체감한 이들도 있을 것이다. 친구들의 배경도 훨씬 다양해져서 생각과 경험의 차이를 크게 느끼는 시기이기도 하다.

취업이나 창업을 했다면 다루는 돈의 규모가 달라진다. 용돈이나 알바비 수준에서 월급, 매출액이라는 이름의 돈을 마주하게 된다. 금액의 차이도 있지만 돈이 갖는 무게감이 다르다. 20대는 이렇게 나름대로 돈이란 어떤 것이라는 신념 체계가 다져지는 시기다.

20대 재정 자서전을 쓸 때 다음과 같은 질문에 답해 보면 도움이 될 것이다.

- 연애하면서 돈을 쓸 때 어떤 경험이나 느낌이 있었나요?
- 첫 월급은 어떻게 사용했나요?
- 신용카드를 만들고 사용할 때의 경험은 어땠나요?
- 돈 때문에 어려움을 겪었던 적은 없었나요?

숨만 쉬어도 돈이 든다 (이하림 님, 여)

돈이 없던 취업준비생 시절 카페에서 공부를 하곤했다. 하지만 카페에서 쓰는 돈도 만만치 않았다. 이따금 친구들을 만나면 기분전환도 되어 좋았지만 그것도 돈이 들었기에 만나는 횟수를 줄였다. 지원할 회사 정보를 찾을 때도 돈이 들었다. 숨만 쉬어도 돈이 드는 것 같았다.

알바로 버는 돈은 턱없이 부족했다. 나를 위해 옷 한 벌 사는 것도 사치로 여겨졌다. 돈에 대해 어떠한 저항도 할 수 없는 상태였다. 굴욕적이고 지긋지긋하다는 느낌으로 가득했다. 취업해서 한 달에 80만 원만 벌어도 감사할 것 같다는 생각을 할 만큼 간절했다.

'일단 돈을 벌기 위해 아무 곳이나 취업만 하자'고 생각한 나는 전공과 무관한 곳에 취업했다. 그러나 1주일 만에 그만두었다. 되돌아온 취준 생활은 더 고통스러웠다. 하지만 '돈만 위해 급하게 취직하지는 말자'는 다짐을 하며 버텼다. 다행히 지금은 전공을 살려서 일하고 있다. 지금 다니는 곳도 월급이 적어서 이직을 항상 고려 중이다. 하지만 취준 시절과 비교하면 내가 사고 싶은 것 사고, 하고 싶은 공부도 할 수 있다. 이제 겨우 한 계단 올라온 정도지만 현재에 충실하면 다음 계단에 올라설 날이 오지 않을까.

솟아날 구멍은 있는 걸까 (한보석 님, 남)

대학원에 진학한 이후 돈 문제로 크게 걱정한 적이 몇 번 있었다. 이사를 할 때 고생했고, 학교를 다니는 내내 생활비가 부족해 힘들었다. 생활비는 아르바이트를 하거나 조교 장학금을 통해 어떻게든 해결했지만, 전세금 마련은 정말 힘들었다. 결국 오른 시세만큼의 전세금을 마련하지 못했고 부모님도 딱히 지원해주시지 않아 기존에 살던 집보다 훨씬 좋지 않은 집으로 이사했다.

돈 때문에 화나는 일이 많았고 부정적인 생각을 계속했다. 처음 집을 구할 때는 정말 너무 아득하고 해결책이 없어서 '다 귀찮고 죽고 싶다'라고 생각했다. 그럼에도 계속해서 '솟아날 구멍은 있다'라고 스스로 되뇌었던 것 같다. 하지만 나의 바람과는 반대로 땅으로 꺼질 것 같은 일들이 계속해서 일어났다. 안간힘을 쓰고 있지만 언제까지 버틸 수 있을지 솔직히 자신이 없었다. 어떻게 해결해야 할까? 나는 자신에게 무슨 말을 해줘야 할까?

부모님 때문에 지게 된 빚 (안도영 님, 남)

대학 등록금의 반 이상은 내 돈으로 해결했다. 마지막 학기 때 과외 3개를 동시에 잘렸다. IMF 외환 위기 때였다. 마지막 학기 등록금이 없어 쩔쩔맬 때 아버지는 내 통장에서 돈을 가져갔다. 등록금은 친구들 도움으로 장학금을 받아 해결했다.

내가 월급을 받기 시작했을 때부터 나는 부모님 때문에 빚을 졌다. 그 빚은 내가 하루아침에 갚을 수 있는 것이 아니었다. 그 빚은 나를 10년 동안 따라다녔다. 그 빚 때문에 내 삶에 많은 제약이 생겼다. 물리적인 제약 외에 심리적인 제약도 꽤 컸다. 빚 때문에 늘 위축되어 있었다. 빚을 먼저 갚아야 하나, 나를 위해 저축을 해야 하나 고민했다. 이런 걱정은 나 말고 아무도 안 하는 것 같았다.

통장에 일정 금액 이상의 돈이 없으면 불안했다. 돈을 쓸 때면 죄책감마저 들었다. 돈 걱정을 할 때는 나 자신에게 할 말이 없었다. 그건 나 때문에 생긴 일이 아니었다. 하지만 돈에 대해 내가 옳지 않은 선택을 할까 봐 안절부절 못했다.

내가 옳지 않은 선택을 한 건 딱 하나다. 부모님과의 관계에서 돈을 제외했어야 했다. 거절했어야 했다. 그렇지 못한 건 내가 너무 어려서였다. 그리고 내 돈으로 그들이 더 잘 지낼 수 있다고 착각해서였다. 내 돈으로 그들이 나를 더 좋아해 주리라 착각해서였다.

인생 첫 손절 (정여름 님, 여)

중학교 때 같은 반이었다가 스무 살이 되고서 우연히 만난 친구가 있었다. 친구는 돈을 쓰는 데 아무런 주저함이 없었다. 특별한 날이 아닌데도 깜짝 선물을 하거나, 만날 때마다 밥이나 디저트를 꼭 사 주려고 했다. 나는 명분 없는 공짜에 불편함과 부담을 느꼈지만 아무리 말려도 친구는 막무가내였다.

친구는 일찍 취업했지만 학자금 대출을 갚고 있었고, 엄마와 실질적인 이혼 상태인 아빠에게 큰돈을 빌려주기까지 했다. 갚을 돈이 산더미라면서 쇼핑을 할 때마다 거침없이 카드를 긁었다. 카드 대금의 일부만 결제하고 나머지는 다음 달로 미루는 '리볼빙' 방식을 쓰고 있었는데 결국 문제가 터졌다.

친구와의 관계를 믿고 당시 나로서는 꽤 큰 돈을 흔쾌히 빌려줬다. 그러나 3년이 넘도록 단돈 1만 원도 갚지 않으면서 온갖 소비를 SNS에 인증하고 자랑했다. 악착같이 돈은 돌려받았지만 나는 친구를 잃었다. 내 인생 첫 손절이었다. 그 후로 나는 나만의 돈 거래 원칙을 세우기로 결심했고, '세상엔 공짜는 없다'라는 믿음을 더욱 공고히 하게 됐다. 돈을 대하는 태도가 한 사람의 심리적 건강을 보여주는 척도가 될 수 있다는 사실을 다시 한번 되새긴다.

7

실전 재테크 경험은 어떠했나

첫 직장, 첫 월급, 내돈내산('내 돈 주고 내가 산 제품'이라는 뜻의 신조어)의 흥분과 즐거움, 아쉬움이 지나고 나면 본격적인 재테크의 세계로 들어서게 된다. 재테크를 흔히 자산에 투자하고 불리는 것으로 이해하지만 여기서는 집, 자동차, 보험, 사업, 계약 등을 포함한 개념으로 확장해서 접근해 보자. 이런 경험들은 일상적인 수입 지출보다 빈도는 낮지만 돈의 규모나 삶에 미치는 영향은 훨씬 크다. 시간을 거슬러 올라가 당시의 나는 어떻게 의사결정을 했는지, 그렇게 한 이유, 그때의 느낌과 영향을 기록해 보자.

집은 전 국민의 관심사가 되었다. 자가는 물론이고 전세나 월세를 구하는 것도 만만치 않다. 주거 독립을 꿈꾸는 사람이나 내 집 마련을 위해 애쓰는 사람 모두 집을 둘러싼 의사결정은 신중할 수밖에 없다. 특히 처음 집을 사거나 전·월세 계약을 했던 경험이 있다면 떠올려 보자. 집을 보러 다니면서 느낀 점, 자금을 마련하기 위해 애썼던 일, 계약서에 적힌 숫자가 맞는지 확인하던 순간이 생각날 것이다. 이사한 후에 다행스럽거나 후회스럽던 기억이 연상될 수도 있다.

예·적금만 하다가 주식처럼 원금 손실 리스크가 있는 투자에 뛰어들었던 경험이 있다면 놓치지 말자. 투자를 시작한 동기는 저마다 다르다. 예·적금만으로는 높아지는 집값, 노후 준비를 할 수 없다는 절박한 이유 때문일 수도 있고, 친구의 권유나 대중매체의 영향으로 발을 내딛는 경우도 있다. 투자 과정에서 다양한 이야깃거리가 있을 것이다. 주식 가격이 떨어져서 가슴 졸이던 일, 적금처럼 넣었던 투자가 꽤 좋은 성과를 낸 일. 그런 경험 속에서 내가 투자에 대해 갖게 된 신념은 무엇인지 정리해 보자.

보험에도 수많은 스토리가 깔려 있을 것이다. 어떤 이들은 엄마 친구, 친척, 아는 사람 중 누가 보험설계사여서 그들에게 권유받고 보험에 가입했던 경험을 이야기하곤 한다. 누가 권유했느냐 자체는 문제가 아니다. 다만 보험 가입의 목적과 내용을 제대로 이해하지 못한 상태에서 가입했고, 결과적으로 손해를 봤던 일은 두고두고 후회된다. 반대로 보험 덕분에 위기에서 벗어날 수 있었던 경험 때문에 보험을 긍정적으로 여기는 이들도 있다.

자동차를 예시로 들기는 했지만, 비교적 고가의 물건 또는 나에게 특별한 의미가 있는 물건을 구입했던 경험도 빼놓을 수 없다. 그밖에 연봉 계약을 하거나, 사업하면서 겪었던 일 등 돈을 주제로 삼을 수 있는 일이 있다면 재정 자서전에 기록해 보자.

다음과 같은 질문도 도움이 될 것이다.

- 돈에 관한 결정 중 가장 잘한 것은 무엇인가요?
- 돈에 관한 결정 중 가장 후회스러운 것은 무엇인가요?
- 그러한 결정에 영향을 끼친 사람이나 근거는 무엇인가요?

돈에 대한 개념이 없었던 나 (김수정 님, 여)

주거 독립을 외치며 첫 임대 계약을 쉽게 했다. 계약 자체를 겁내지 않았다. 대출이 억 단위인데도 돈 무서운 줄 몰랐다. 그때는 돈을 모으는 것보다 작은 집이라도 구해서 독립하는 게 더 중요했으니까. 솔직히 말하면 개념이 없었던 때다. 하지만 모든 걸 혼자 알아보고, 대출도 하고, 계약도 하고 스스로 기특하다는 생각이 든다.

나는 꽤 오랫동안 보험 없이 살았다. 부모님이 어렸을 때 들어둔 보험이 있었지만 무슨 일이 있었는지 해지하셨다. 그때 나한테 실손의료보험에 가입하라고 하셨는데 그것도 귀찮아서 손 놓고 있다가 서른이 되어서야 가입했다. 실손의료보험만 있다고 하면 사람들은 기겁하면서 이런저런 조언을 한다. 보험은 어렵기도 하거니와 덤터기를 쓸 수도 있다는 소리를 들어서인지 겁나서 알아볼 생각도 못 했다.

다들 주식에 목숨 걸 때도 나는 종잣돈이 없어서 제대로 시작해보지 못했다. 그냥 어떻게 거래하는지도 모르면서 트렌드에 뒤떨어지면 안 될 것 같다는 생각에 몇 주씩 사고팔아 보는 정도였다. 그러다가 친구 권유로 코인을 조금 사봤는데 내가 산 이후부터 계속 떨어졌다. 지금은 속이 쓰려서 아예 보지도 않는다.

자유를 위해서는 돈이 필요해 (정여름 님, 여)

처음 혼자 살게 된 집은 5.5평 정도의 원룸이었다. 보증금 500만 원에 월세 40만 원. 아빠랑 싸우고 분노의 독립을 외쳤지만, 오빠에게 돈을 빌려준 탓에 결국 아빠 돈 500만 원으로 보증금을 냈다. 지금 생각해 보니 아빠는 아무렇지도 않은데 나만 화가 났던 건 아닌가 싶다. 그때 얻은 메시지는 자유를 위해서는 돈이 필요하다는 것이었다. 부모님 집에서 살면 월 50만 원 이상을 아낄 수 있었지만 전혀 아깝거나 두렵다는 생각은 들지 않았다. 어느 정도 모아둔 돈도 있었고, 꼬박꼬박 나오는 월급도 있었으니까. 안정된 재정 상황이 있어야 정서적인 자유도 당당하게 누릴 수 있다.

오빠가 주식을 한다고 해서 500만 원을 빌려준 적이 있다. 10% 이자를 받는 조건으로 믿고 빌려줬는데 오빠가 주식을 빼서 코인에 넣는 바람에 생각보다 꽤 오랜 시간이 흐른 뒤에야 돌려받을 수 있었다. 그것도 여러 번의 독촉과 호소가 반복된 후에야 가능했다.

주식과 코인은 다르다지만 내게는 둘 다 위험 요소가 큰 도박처럼 느껴졌다. 특히 아빠와 오빠 모두 실패한 투자자였으므로 더 그랬던 것 같다. 오빠가 계속 주식과 코인을 권해도 귓등으로 듣다가 코로나19 이후 불어온 투자 열풍에 나도 가만히 있어서는 안 된다는 압박감을 느끼게 됐다. 일단 계좌부터 파고 유튜브도 찾아보고 부족하나마 재테크 공부에 관심을 두게 됐다.

아등바등 좌충우돌 (나영훈 님, 남)

생전 처음 한 전세 계약은 큰 사건이었다. 남들은 첫 계약할 때 부모님이나 친구와 같이 가서 했다던데 나는 겁도 없이 혼자서 해버렸다. 그게 문제의 시작이었다. 이사를 얼마 남겨놓지 않았는데 집주인이 갑자기 입주 날짜를 변경하자고 했다. 경험이 없던 나는 부동산 중개인의 감언이설에 넘어가 결국 입주 날짜를 뒤로 미루는 계약서를 다시 작성했다. 그로 인해 내가 본 손해는 이만저만이 아니었다. 지금 생각해 보면 꼼꼼하게 따져보지 못한 내가 한심하기 그지없다.

입사 후 2년 차가 됐을 때 목돈이 생겼다. '이걸로 뭔가를 하고 싶은데 어쩌지?' 하다가 차를 사버렸다. 당시 꽤 큰 돈을 썼는데 철저히 심장이 시키는 대로 거행한 소비였다. 가성비고 뭐고 내 눈에 예쁜 차, 타고 달리면 기분이 날아갈 것 같은 차, 30대 초반에 어울리는 차로 골랐다. 지금 생각해 보면 여러 가지 경우의 수를 고려하지 않은 것이 아쉽다. 요즘 캠핑의 맛을 알아가고 있는데 차를 바꾸는 게 생각보다 어렵다. 하지만 나는 여전히 내 차를 사랑한다. 60살 넘도록 탈 테니 내가 죽으면 이 차를 함께 묻어달라는 농담을 하곤 한다.

나는 또래에 비해 보험료로 나가는 돈이 많다. 예전에 부모님이 가입해주신 건데 부모님 은퇴 후에는 내가 내고 있다. 문득 어떤 보험인지 궁금해서 알아보니 내가 원하는 것과는 상당한 거리가 있었다. 해지하려고 봤더니 손해가 만만치 않아 일단 유지는 하고 있다.

8

돈과 나, 우리의 관계는 어떠한가

여기까지 오느라 많이 힘들었을 것이다. 아무리 자서전이라도 기다렸다는 듯이 술술 써지지 않는다. 자서전이라서 더 쓰기 어려운 부분이 있다. 고통스러운 기억을 되새기는 게 불편했거나, 어떤 부분은 기억이 잘 나지 않았을 것이다. 인정하고 싶지 않은 부분이 계속 마음에 걸리기도 하고, 안타까운 장면들 때문에 자책하거나 원망하는 마음이 들 수도 있다.

한편 고맙고 다행스러운 기억을 되새기면서 즐겁게 써 내려간 페이지도 있을 것이다. 그때는 잘 몰랐지만 지금 생각해 보니 감사하고, 어깨를 으쓱해도 좋을 만큼 자랑스러운 장면도 있었을 것이다. 이유가 무엇이든, 어떤 감정이나 생각이든 괜찮다. 자신의 삶 속에서 돈이 어떻게 나타났는지 솔직하게 기록했으면 더할 나위 없다.

이제 특별히 안락한 시간과 장소를 찾아서 재정 자서전을 마무리하자. 마음을 정돈하고 차분하게 할 수 있는 것이면 무엇이든 좋다. 편안한 음악을 틀어 놓고 커피와 디저트를 준비해도 좋다.

퍼즐 맞추기

퍼즐 맞추기를 해본 적이 있을 것이다. 수많은 퍼즐 맞추기에서 가장 중요한 것은 무엇일까? '모서리에 들어갈 조각이나 가장 큰 조각을 찾아 제자리에 맞추는 것'이라 생각하는 사람도 있겠지만, 사실 퍼즐 맞추기에서 가장 중요한 것은 '퍼즐 상자 뚜껑'이다. 원본 그림 없이 퍼즐을 맞출 수 없기 때문이다.

재정 자서전은 퍼즐 맞추기로 마무리된다. 재정 자서전을 사건의 나열로 그친다면 들인 노력에 비해 얻는 게 별로 없다. 지난 시간 동안 내 삶에 돈과 관련하여 관통하는 주제, 핵심 캐릭터, 자주 등장하는 패턴은 무엇인지 찾아내야 한다. 물론 재정 자서전에서 영화나 소설처럼 명확한 주제 의식이나 캐릭터의 일관성을 기대하기는 어렵다. 하지만 스스로 진지하고 솔직하게 작성한 기록이기 때문에 당사자 눈에는 면면히 이어지는 흐름이 보일 것이다.

자주 등장하는 단어, 생각, 패턴

재정 자서전에 자주 등장하는 단어나 표현은 어떤 것인지 살펴보자. 재정 자서전에는 사람마다 자주 쓰는 단어, 생각, 패턴이 있다. 계속 일관된 경우도 있지만, 등장했다 사라지거나 다른 것으로 대체되는 예도 있다. 어떤 경우든 '왜 그랬을까?'를 생각해 보자.

특별히 놀랐거나 새롭게 발견한 일이 있다면 주목해 보자. 완전히 잊고 있었던 일인데 재정 자서전을 쓰면서 생각났다면 큰 수확이다. 유년기, 청소년기, 성인이 되고 지금까지 시기별로 돈에 대한 특정한 경향이나 패턴이 보인다면 적어두자.

그 시절 나에게 해주고 싶은 이야기

재정 자서전을 쓰면 그때로 돌아간 듯한 느낌이 든다. 내가 지금 알고 있는 것들을 알려주고 싶은 마음이 들어서 답답하고 안타까웠다는 사람도 있고, 그 시절의 나를 안아주거나 이야기를 들어주고 싶은 마음이 들었다는 사람도 있다.

그 시절 나에게 해주고 싶은 말을 적어보자. 시간을 되돌릴 수는 없지만 내 안에 있는 '그때의 나'를 만나 위로하고 힘을 줄 수 있다. 그리고 그것이 '미래의 나'를 돕는 길과 연결될 것이다. 재정 자서전을 쓰는 이유는 과거와 현재를 살펴서 더 나은 삶을 모색하는 데 있기 때문이다.

조금 쑥스럽지만 나에게 팬레터를 보내는 것도 좋다. 과거의 나 또는 현재의 나에게 보내는 응원의 메시지를 담아보자. 여기까지 오느라 수고한 나에게 보내는 팬레터를 며칠 후 우편으로 받아보면 재정 자서전 쓰기를 잘했다는 생각이 들 것이다.

한 줄 요약

끝으로 돈에 대해 갖고 있는 나의 태도, 신념, 행동을 하나의 문장으로 써보자. 당연히 정답은 없다. 앞뒤가 안 맞아도 상관없다. 매끄럽게 쓰려고 애쓸 필요도 없다.

지금 돈과의 관계가 어떠한지를 표현할 수 있으면 그걸로 충분하다. 만약 하나로 부족하다면 여러 개를 써도 된다. 이번 재정 자서전의 마지막은 이걸로 하고, 이 재료를 가지고 다음으로 넘어가면 된다.

나는 한 번에 큰돈을 버는 사람이 될 거야 (김수영 님, 남)

내 상황을 합리화하고자 만들어냈던 수많은 신념들이 머릿속을 스쳐 간다. 돈에 대한 두려움 때문에 오히려 '돈을 막 쓰는 사람' 이미지를 뒤집어 쓰고 살았다. 진짜 막 쓰기도 했다. 그 마음속에는 돈에 대한 낮은 자존감과 돈을 모으거나 벌어낼 자신감 부족이 자리 잡고 있었다. 점점 나이가 들수록 그런 부분들을 회피하고 덮기 위해 잘못된 신념들을 더 강화시켰던 것 같다. 예를 들어 작은 돈을 아끼는 엄마에게 궁상이라고 한다거나, 나도 직장인이면서 "월급으로는 집 못 사" 같은 말로 직장인 친구들의 사기를 꺾었다.

머니 리추얼을 하면서 돈에 관한 자기 비난을 조금 덜 할 수 있게 되었다. 처음으로 커피 한 잔 값을 아껴보는 즐거움을 알게 되었고, 가계부를 쓰며 작게나마 자기 효능감이 올라오는 것이 느껴졌다. 알뜰한 엄마가 궁상으로 보이지 않았고, 5년 근속하는 직장인 친구들을 존경할 수 있게 되었다. 제일 감사한 일은 작은 돈이라도 모아가는 나 자신에게 따뜻한 말 한마디를 해줄 수 있게 되었다는 것이다.

나는 돈을 원한다. 하지만 돈이 무섭다 (허수민 님, 여)

돈은 내 삶에 많은 영향을 끼쳤고, 나는 그럴수록 돈에 영향받지 않으려 몸부림쳤다. 그 과정에 생긴 돈에 대한 여러 모순된 신념들이 돈과 더욱 기괴한 관계를 맺게 하였다.

힘들게 벌어서 꼭 필요한 부분 이외에는 너무 쉽게 날려버리듯이 써버리거나, 일할 때 파이팅 넘치게 달리다가 재정적 결실이 생길 즈음에는 주저하고 스스로 넘어지는 패턴이 곳곳에 있었다.

이런 신념이 나를 지금까지 지탱해주었고 잘못되었다고 생각하지는 않는다. 다만 그 메시지에 붙들려 살고 싶지는 않다. 자유롭기를 바란다. 그동안 그림자 속에 가둬두었던 또 다른 신념들을 마주하였으니 이들 사이에서 균형과 자유를 누리기를 간절히 원한다.

돈이 있어야 원하는 만큼 자유로워질 수 있다 (정여름 님, 여)

이 신념 안에는 돈에서 자유롭지 못했던 나의 과거가 녹아있다. 낮은 연봉과 단단히 엮여 있던 내 자존감은 어느 한 지점에 고개를 파묻고 있었고, 그것은 생각보다 꽤 많은 영역에 영향을 주었다. 나를 위해 쓰는 꼭 필요한 소비에도 죄책감을 느낀다든지, 다양한 경험과 더 나은 미래를 꿈꾸는 일을 아예 불가능한 일로 치부한다든지, 부모님에게 부채감과 동시에 거리감을 느끼게끔 했다.

'돈 = 자유', 자유 안에는 독립성, 자율성, 유연성, 편리함이 내포되어 있다. 이 신념의 뿌리에는 돈이 부족하면 나라는 존재가 소멸될 것만 같은 두려움이 있다. 나는 지금 편안하고 쾌적한 집, 가족과의 원

만한 관계, 하고 싶은 것을 선택할 수 있는 여유 등을 누리며 산다. 앞으로 누리고 싶은 것들로는 사랑하는 사람과의 장밋빛 미래, 근로 시간을 단축하고 목가적인 삶 누리기, 주변과 사회에 넉넉하게 베푸는 사람 되기 등이 있다.

이 모든 것이 내가 꿈꾸는 자유에 속하는데, 원하는 대로 되지 않아 내 마음대로 살지 못하게 될까 무섭다. 원하는 만큼 두려움도 커진다고 생각하고 살았다. 그게 싫어서 내 안의 욕망을 직시하지 못하고 살았지만 두려움은 보이지 않는 곳에 있을 때 그 덩치를 더욱 불려 나간다는 사실을 이제는 안다.

이 신념대로라면 나는 어떤 선택을 하게 될까? 아마 퇴사 전이었다면 원하는 것을 줄이라고 자신을 설득했을 것이다. 아끼고 줄이면서 나를 기만했겠지. 적당히 벌고 적당히 쓰며 적당한 돈을 모아서 부모님이 원하는 조건의 사람을 만나 부모님에게 지원도 받고, 동반자에게 기대어 사는 방법이 결국 정답일 거라는 생각이 계속 나를 괴롭혔다. 그게 '지혜로운 선택'이라고.

문제는 이 삶이 나에게 진정으로 '자유'를 의미하는지 질문해 봤을 때 내 대답은 '절대 아님'이다. 여전히 꿈꾸는 대로 되지 않으면 어떡하지? 또다시 원하지 않는 일을 하게 되면 어떡하지? 원하는 일을 찾았는데 돈이 안 되면 어떡하지? 충분한 돈을 벌만큼 내 능력이 안 되면 어떡하지? 같은 두려움이 크다. 하지만 이 두려움을 딛고 다양한 시도와 경험을 해볼 수 있는 자유를 누려보는 것도 지금의 나에게 선사하는 최고의 투자가 아닐까?

9

마음속 돈 문제를 치유하는 파이낸셜 테라피

'파이낸셜 테라피Financial Therapy'란 돈에 대해 느끼고 생각하는 방식을 점검하여, 부정적인 행동을 긍정적인 행동으로 바꾸는 과정이다. 전통적인 재무설계가 주로 겉으로 드러난 재무 상태를 점검하고 재무계획을 세우는 것이라면, 파이낸셜 테라피는 돈에 대한 인식과 감정을 다룬다는 차이가 있다. 인식과 감정은 시간을 두고 형성되기 때문에 과거의 경험에서 실마리를 찾는 경우가 많다. 어렸을 때 부모님이 자주 하시던 이야기, 돈과 관련된 경험들, 스스로 다짐했던 것들이 돈에 대한 태도로 자리 잡는다.

'부자'라는 단어 또는 특정 부류의 사람들에 대해 긍정적인 인식을 갖고 '나도 부자가 되고 싶다'는 열망을 품는 이들이 있는가 하면, '부자들은 탐욕스럽다'는 인식과 함께 부정적인 감정을 느끼는 사람들이 있다. 부에 대해 무조건 긍정적인 입장을 가져야 하는 것은 아니지만 돈에 대해 어떤 태도를 갖느냐에 따라 우리의 행동은 상당히 달라질 수 있다. 겉으로는 "돈 많으면 좋지"라고 말하지만, 마음 한 구석에서는 '돈이 필요 이상으로 많아지면 타락한다'는 메시지가 보이지 않는 힘으로 작용할 수도 있다. 어쩌면 주변으로부터 부자들은 탐욕스럽다는 메시지를 계속 들었을 수도 있고, 나쁜 부자들이 휘두르는 힘 때문에 불쾌한 경험을 했을 수도 있다. '저런 부자가 될 바에는 차라리 가난한 게 낫다'는 메시지를 품게 되는 것이다.

파이낸셜 테라피를 해야 하는 이유

과거야 어찌 됐든, 돈에 대한 태도가 어떻든, '지금부터 돈만 많이 벌면 되는 것 아닌가?'하는 생각을 할 수 있다. 돈 때문에 받는 스트레스는 결국 돈이 충분하지 않아서 생기는 것이라 여기는 이들이 많다. 어느 정도 동의한다. 특히 절대 소득이 적어서 겪는 온갖 문제들은 소득이 많아지면 상당 부분 해결된다.

그러나 소득이 늘어나도 여전히 해결되지 않는 문제들이 있다. 연봉 3,000만 원일 때는 연봉이 5,000만 원만 되면 걱정 없을 것 같고, 연봉 5,000만 원인 사람은 연봉 1억만 찍으면 더 바랄 것이 없겠다고 생각한다. 드디어 꿈에 그리던 연봉 1억 원에 도달했다. 그렇다면 이제 돈 때문에 받는 스트레스는 안녕일까? 아니다. 끝이 없다.

소득이 아니라 자산 규모로 봐야 할까? 〈2021년 가계 금융·복지조사〉 결과에 따르면 우리나라 전체 가구의 평균 순자산은 4억 1,452만 원이다. 순자산 10억 원이면 상위 9.4%에 속한다. 총자산에서 부채를 뺀 값인 순자산 10억 원이면 결코 작은 규모가 아니다. 통계적으로 봐도 상위 9.4% 안에 드는 수준이니 부자로 봐도 무방할 것 같다. 그러나 막상 순자산 10억 원을 달성한 사람에게 물어보면 아파트 값이 올라서 그렇지 금융자산은 별로 없어서 부자가 되려면 아직 한참 멀었다고 대답한다. 그렇다면 도대체 얼마나 벌고, 모으면 돈의 스트레스에서 벗어날 수 있을까.

파이낸셜 테라피는 무조건 '지금 가진 것에 만족하라'는 주장을 하지 않는다. 돈이 없으면 불편하고 돈이 많으면 편리하다. 이것은 엄연한 사실이다. 그러나 돈의 많고 적음과 관계없이 돈 때문에 불편한 구석이 있다면 그 원인이 무엇인지 밝혀서 해소하자는 쪽이다. 돈을 바라볼 때 있는 그대로 보는 것이 아니라 색안경을 끼고 있지는 않은지 점검해 보자는 것이다. 돈에 대해 갖고 있는 감정이 한쪽으로 치우쳐 있지는 않은지 살펴보자는 것이다. 돈을 바라보는 인식과 감정이 왜곡되어 있다면 그것을 바로 잡아 돈과 원활한 관계를 형성하는 것이 파이낸셜 테라피가 추구하는 목적이다.

파이낸셜 테라피를 한다고 해서 누구나 수억 원의 연봉을 받고, 수십억 원 자산가가 될 수 있는 것은 아니다. 대부분의 사람들이 바라는 바도 그것은 아닐 것이다. '매일매일 돈 걱정 좀 안 하고 살 수 없을까?', '돈 때문에 받는 스트레스를 줄일 수 없을까?', '필요한 때에 필요한 만큼의 돈을 준비할 수 있는 삶을 살 수는 없을까?'라는 수준의 소박한 것들이 대부분이다. 다만 그 소박한 바람조차 이루기에는 현실이 너무 빠르고 급하다.

남들이 뛰니까 나도 같은 속도로 뛰어야 한다는 생각에서 벗어나야 한다. 자신에게 맞는 속도와 주법이 있다. 운동화 속에 있는 모래알 때문에 정상적으로 달릴 수 없다면 멈춰서 모래를 빼고 달려야 한다. 그게 오래 빠르게 달릴 수 있는 방법이다. 파이낸셜 테라피는 운동화 속에 있는 모래를 제거하는 과정이다. 내가 가진 기량을 발휘하지 못하게 막고 있는 장애물을 제거해야 불필요한 스트레스는 줄고 기록은 향상된다.

파이낸셜 테라피 방법

'머니 스크립트money scripts 발견하기'는 대표적인 파이낸셜 테라피 기법이다. 머니 스크립트란 돈에 대해 저마다 갖고 있는 신념을 뜻한다. 배우가 각본대로 연기하는 것처럼 사람들은 돈을 대할 때 머니 스크립트대로 인식하고 행동한다.

강박적 소비, 과도한 인색함, 일 중독, 퍼주기, 재무적 의존 등과 같은 재무적 문제 행동 이면에는 편향된 머니 스크립트가 있다. 이처럼 겉으로 잘 드러나지 않지만 지속적으로 재무적 의사 결정에 영향을 끼치는 머니 스크립트도 대단히 많다.

머니 스크립트를 발견하는 방법에는 문항 검사, 문장 완성 검사, 인터뷰 등 다양한 방법이 있고, 재정 자서전 쓰기도 매우 효과적이다. 돈 자체가 워낙 복합적 주제이기 때문에 단 하나의 머니 스크립트로 모든 것을 설명할 수는 없다. 하지만 돈을 벌고 쓰는 과정에서 일관되게 드러나는 패턴은 머니 스크립트와 깊은 관련이 있다. 따라서 주된 머니 스크립트를 발견하면 돈을 다루는 데 있어서 장애를 일으켰던 원인을 찾은 것과 다를 바 없다. 파이낸셜 테라피를 통해 자신도 미처 알지 못했던, 돈에 대한 왜곡된 이미지를 벗어던지고 돈과 건강한 관계를 맺는 출발을 할 수 있을 것이다.

10

돈 관리에 영향을 미치는 머니 스크립트

머니 스크립트Money Scripts란 사람들이 돈에 대해 갖고 있는 기본 가정 또는 믿음을 의미한다. 주로 어린 시절에 형성되고 성인이 된 후에도 무의식적으로 따르는 경향이 있다. '돈이란 어떤 것이다'라는 신념이 내면에서 자리 잡고 앉아서 일상적인 수준의 돈 관리부터 매우 중요한 의사결정에 이르기까지 상당한 영향력을 행사한다.

미국의 심리학자인 브래드 클론츠와 테드 클론츠, 국제공인재무설계사 릭 칼러는 머니 스크립트 연구를 통해 파이낸셜 테라피 분야에서 선도적인 역할을 수행하고 있다. 미국 심리학회, FPAFinancial Planning Association, 파이낸셜 테라피협회 등에 다수의 논문을 발표하고, 대중을 위한 단행본도 여러 권 집필했다.

이들은 머니 스크립트를 크게 네 가지 유형으로 분류했다. 머니 스크립트의 다양성과 개인별 특성을 고려할 때 네 가지 유형으로 구분하는 것이 충분해 보이지 않을 수 있다. 그러나 같은 유형이라 하더라도 모두가 똑같은 행동을 하는 것은 아니며, 때로는 정반대의 모습을 보이기도 한다. 즉 행동양식에 따른 분류가 아니라 근본적인 관점과 동기를 중심으로 한 분류라는 점을 이해할 필요가 있다.

유형 1 : 돈은 사람을 망친다 (Money Avoidance)

세상에 돈 싫어하는 사람이 있을까? '부자 돼라'는 덕담에 정색하는 이는 거의 없다. 돌잡이에서 돈을 잡으면 부모들은 기뻐한다. 돈이 최고인 자본주의 사회에서 돈을 회피하는 사람이 있다니 믿기 어려울 수 있다. 그러나 돈을 회피하는 머니 스크립트를 갖고 있는 이들이 제법 있다.

이들은 돈이 모든 문제의 뿌리라고 믿는다. 특히 일정 수준 이상의 돈은 사람을 타락시키고, 관계를 망가뜨린다고 여긴다. 실제로 그런 경우가 있다. 로또에 당첨된 후에 삶이 처참하게 무너진 사람, 돈 좀 벌었다고 가족과 친구들을 멀리하는 사람들 이야기를 들어본 적이 있을 것이다. 결코 행복한 삶이 아니다. 그렇게 살 바에는 조금 가난해도 이웃과 화목하게 지내는 삶이 더 가치 있다고 생각한다.

돈을 회피하는 머니 스크립트의 함정은 '이 모든 게 다 돈 때문이다'라고 돈에 책임을 떠넘기는 것에 있다. 돈이 많아지면 다 불행해지는가? 돈이 없으면 더 행복한가? 그렇지 않다는 걸 조금만 생각해 보면알 수 있다. 부자이면서도 주변을 도우며 행복하게 사는 이들의 이야기도 대단히 많다.

미국인을 대상으로 한 연구에 따르면 연간 소득 6만 달러가 될 때까지는 소득이 증가할수록 행복지수도 함께 상승한다. 그러나 6만 달러를 넘어가자 행복지수는 더 이상 증가하지 않았다. 최소한의 생계를 위한 절대소득은 필수적이지만 일정 수준을 넘어가면 돈과 행복은 상관관계가 없다는 결론이다. 소득이 더 있다고 행복해지지도, 불행해지지도 않는 것이다.

그렇다면 이런 반론이 가능할 것이다. "어차피 더 있어봤자 행복해지지도 않는데 굳이 돈을 더 벌 이유가 있는가?"

연구에 의하면, 소득이 6만 달러 이상인 사람 중에도 행복지수가 더 높은 사람들이 있었다. 다른 변수가 행복지수에 영향을 주었던 것이다. 그중에 돈과 연관이 있는 것은 기부다. 자신이 더 좋은 것을 먹고 입는 것으로 행복감을 얻는 데는 한계가 있다. 기부를 통해 자아의 확장, 다른 차원의 행복을 누릴 수 있는 것이다. 돈의 많고 적음이 문제라기보다는 어떻게 사용하느냐의 문제로 전환된다고 할 수 있다.

유형 2 : 돈이 최고다 (Money Worship)

영어단어 'worship'은 '숭배'로 번역할 수 있다. 'Money Worship'이라는 말이 무척 거슬렸을 것이다. 돈밖에 모르는 사람이라는 이미지를 주기 때문이다. 하지만 여기에서의 숭배는 돈을 경외의 대상으로 삼는다는 의미가 아니라, '돈이 많아지면 내 모든 문제가 해결되고 나는 행복해질 거야'라고 믿는다는 뜻이다. 내가 지금 힘들고 불안하고 괴로운 것은 돈이 부족해서 그런 것이니 돈만 더 생기면 모든 것이 나아질 거라는 믿음을 갖고 있는 것이다.

돈이 많아지면 상당히 많은 문제를 해결할 수 있다. 그런 면에서 이 머니 스크립트는 꽤 설득력이 있다. 그러나 기억해야 할 것은 머니 스크립트가 부분적으로는 진실을 갖고 있다는 점이다. 부분의 진실을 전체로 받아들이는 게 문제다. 돈이 많아져도 해결할 수 없는 일들이 삶에 너무도 많다는 걸 우리는 알고 있다.

돈 숭배의 머니 스크립트를 갖고 있는 사람들은 돈을 강력하게 추구하는 삶을 살 것 같지만 꼭 그렇지는 않다. 돈 숭배 머니 스크립트를 가진 이들 중에는 '나는 영원히 부자가 되지 못할 거야'라고 믿는 사람들이 꽤 있다. 돈을 간절히 염원하지만 결코 가질 수 없을 것이라는 역설을 품고 사는 이들이야말로 돈 때문에 가장 많은 스트레스를 받는 사람들이 아닐까.

유형 3 : 돈이 곧 신분이다 (Money Status)

이 유형의 머니 스크립트를 갖고 있는 사람들은 '내가 가진 돈만큼 나도 가치 있다'고 믿는다. 돈이 많으면 가치 있는 사람이 되고, 돈이 적으면 그만큼 자신의 가치가 낮아진다고 여긴다. 부자들은 그럴 만한 이유가 있고 가난한 사람들은 노력하지 않았거나 뭔가 부족해서 그렇게 산다는 신념체계를 갖고 있다.

이들은 높은 지위에 오르기 위해 일 중독에 빠지는 일이 종종 있다. 실제로 성공하는 예도 많다. 다만 그렇게 얻은 성공을 남들이 알아주는 게 더 중요하다. 남들이 나를 가치 있는 존재로 우러러봐야 하는데 그렇게 하려면 보여줄 게 있어야 한다. '알부자' 스타일로는 내가 가진 부를 제대로 표현하기 어렵다. 이들이 명품으로 치장하거나 비싼 자동차를 타는 이유는 그것이 곧 나의 가치를 상징적으로 보여주는 장치이기 때문이다.

그만한 여력이 있어서 소비하는 건 문제가 없다. 그럴 형편이 되지 않는데도 값비싼 물건을 사들이거나 비용을 지출하는 경우가 문제다. 결국 비용을 감당하지 못하고 큰 빚을 지거나 실속 없이 시간만 흘러간다. 단번에 부자의 반열에 오르기 위해 대단히 위험한 투자를 감행하거나 도박에 빠지는 이들 중에 이러한 머니 스크립트를 신봉하는 자들이 꽤 있다.

유형 4 : 돈은 필요하지만 경계해야 한다 (Money Vigilance)

이 유형의 사람들은 돈을 경계하면서도 돈이 없으면 큰일 날까 걱정을 한다. 이들에게 돈은 드러내놓고 말하기 껄끄러운 주제다. 예를 들면 자신의 소득이나 재산이 얼마인지 남들에게 말하는 것은 금기사항이며, 남에게 그런 걸 묻는 것도 옳지 않다고 여긴다. 마치 존재하지만 드러나서는 안 되는 것처럼 생각한다.

그렇다고 돈에 대해 무관심한가, 하면 전혀 그렇지 않다. 저축도 열심히 하고, 빚지는 걸 무척 두려워한다. 예비자금도 넉넉히 마련해서 비상 상황에 대비한다.

어찌 보면 교과서적인 돈 관리를 하는 것 같지만 부에 대해 스스로 제한을 두고 있다는 점에서 한계가 있다. 적극적으로 부를 추구하는 것은 위험하거나 적어도 점잖지 않은 행동으로 여긴다. 이들에게 돈은 편안한 대상이 아니다. '남들이 알면 안 되는 어떤 것'이기 때문에 혼자서 꼭꼭 숨겨둔다. 돈과 관련해서는 주변 사람들을 믿지 않는 것도 이들의 특징 중 하나다.

돈은 어려울 때를 대비해서 모아두는 것이기도 하지만 현재의 즐거움을 위해서도 쓸 수 있어야 한다. 그게 돈의 주인으로서 취할 수 있는 자세다. 소유물이 없어지거나 잘못되면 어쩌나 하는 마음에 전전긍긍하는 태도로 지낸다면 행복과는 거리가 멀어진다.

11

재무적 컴포트존을 경계하라

익숙한 것은 편하다. 손에 익은 물건, 늘 마시는 커피, 단골 가게는 안정감을 준다. 내가 원하는 대로 움직여주고 내 취향을 가장 잘 반영해 주는 것 같아 좋다.

익숙함은 울타리와 같다. 울타리는 보호하는 기능이 있지만 범위를 제한하기도 한다. 울타리 안에 있다 보면 그것이 전부인 것처럼 느껴진다. 때로는 울타리 밖으로 나가야 한다. 새로움을 시도하는 것이다. 울타리를 확장하거나 없애는 편이 최선일 때도 있다.

컴포트 존을 벗어나라

말콤 글레드웰이 《아웃라이어》에서 소개해 유명해진 '1만 시간의 법칙'이 있다. 한 분야의 최고가 되기 위해서는 최소한 1만 시간 이상의 연습이 필요하다는 내용이다. 그러나 '1만 시간의 법칙'의 창시자인 안데르스 에릭슨 교수는 연습량만 늘려서는 성공할 수 없고 '의식적인 연습'을 해야 한다고 강조한다. 의식적인 연습이란 무언가를 시도하고 반복해서 연습하되, 자신이 어떻게 하고 있는지, 부족한 부분은 어디인지, 어떻게 해야 잘 할 수 있는지에 집중하면서 하는 것이다. 무턱대고 열심히, 오래 연습한다고 실력이 늘지 않는다는 말과 같다.

의식적인 연습의 요소 중에 '컴포트 존comfort zone'을 벗어나야 한다는 부분도 흥미롭다. 컴포트 존은 사람이 가장 쾌적하게 느끼는 온도, 습도 같은 물리적 환경뿐만 아니라 편안하고 친근한 느낌을 주는 심리 상태를 뜻한다.

변화와 성장은 익숙한 것과 결별해야 얻을 수 있다. 컴포트 존 안에서는 그저 안온함을 느낄 뿐이다. 건강해지고 싶다면 식단을 바꾸고 운동을 하고 라이프 스타일을 바꿔야 한다. 포근한 이불을 박차고 일어나 쌀쌀한 밖으로 나가야 변화가 시작된다. 헬스장에서 운동하는 게 힘든 게 아니라 헬스장까지 가기가 더 어려운 법이다. 언제나 "다이어트는 내일부터!"를 외친다면 늘 제자리에 머물 것이다.

재무적 컴포트 존을 확장하라

돈에도 컴포트 존이 있다. 이를 '재무적 컴포트 존'이라고 한다. 돈을 다루는 패턴, 소득, 재산 규모 등에서 '이게 맞아', '이만하면 됐지', '더 나아질 것도 없어'라고 여기는 심리적 범위를 재무적 컴포트 존이라고 한다.

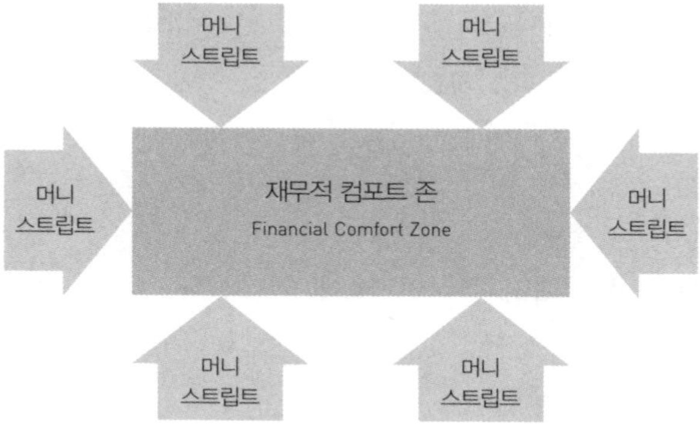

돈 이야기만 나오면 스트레스를 받는 사람도, 돈에 관심이 없는 사람도, 재테크에 발 빠른 사람 할 것 없이 저마다의 재무적 컴포트 존 안에 있다. 재무적 컴포트 존은 머니 스크립트, 현재 재정 상태 등의 영향을 받아 형성된다. 또한 경제적 성공이 재무적 컴포트 존에 의해 제한되기도 한다. 눈에 보이지 않는 울타리에 갇혀서 밖으로 나아갈 수 없는 상태가 된다.

자신의 재무적 컴포트 존을 벗어나는 정도의 부와 가난에 가까워지면 죄의식, 수치심, 압박감이 늘어난다. 스프링을 한껏 잡아당기면 원래 상태로 돌아가려는 힘이 커지는 것과 비슷하다. 무의식적으로 원래의 자리로 돌아가야 안락하다고 느끼고, 실제로 그런 결과를 낳는 행동을 한다.

소득이나 자산이 늘거나 줄더라도 재무적 컴포트 존 안에서는 불편하지 않다. 그러나 재무적 컴포트 존을 벗어나는 순간 부정적 감정이 크게 다가온다. 큰돈을 상속받는다면 어떨까? 상상만 해도 즐

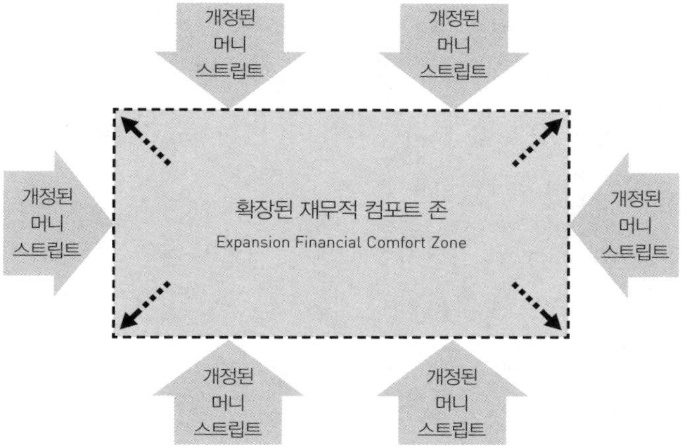

거울 것이다. 그러나 실제로 큰돈이 생긴 사람 중에는 '부자들은 탐욕스럽다', '돈은 일해서 버는 거야'라는 머니 스크립트의 영향으로 그 돈을 제대로 다루지 못한다. 돈 때문에 타락할지도 모른다는 불안이 파고들고, 자신이 번 돈이 아니기 때문에 가질 자격이 없다고 여기는 것이다. 일을 해서 번 돈이나 상속으로 받은 돈이나 '돈'이라는 속성과 기능은 동일하다. 그러나 일해서 번 돈은 아끼면서도 갑자기 생긴 돈은 쉽게 써버리는 모습을 볼 수 있다.

돈을 자유롭게 다루려면 재무적 컴포트 존을 확장해야 한다. 머니 스크립트의 영향으로 제한된 영역을 조금씩 넓혀가야 한다. 머니 스크립트는 무척 융통성이 없다. 고정관념처럼 좀처럼 바뀌지 않는다. 굳게 믿고 있던 머니 스크립트의 부분적 진실과 거짓을 발견하고 새로운 버전으로 업그레이드하면 재무적 컴포트 존은 그만큼 넓어진다.

'부자들은 탐욕스럽다'라는 머니 스크립트를 갖고 있다면 '모든 부자들이 탐욕스러운가?'라는 질문을 해볼 수 있다. 그렇지 않은 예를 수없이 찾아낼 수 있을 것이다. 이처럼 머니 스크립트는 그 이면을 찾아냄으로써 얼마든지 바꿀 수 있다.

재무적 컴포트 존이 확장되면 돈에 구애됨이 줄어든다. 돈이 많으면 많은 대로, 적으면 적은 대로 적응하는 것은 물론, 자신의 역량을 최대한 발휘하는 데 걸림돌이 되는 머니 스크립트를 제거할 수 있다. 재무적 컴포트 존을 확장하며 돈 관리 고수로 거듭나기를 기원한다.

12

나만의 머니 슬로건이 필요하다

신념을 바꾼다는 것은 대단히 어려운 일이다. 오랜 시간에 걸쳐 만들어지고 확고해진 탓이다. 그러나 전혀 불가능한 것도 아니다. 재정 자서전에서 자신의 머니 스크립트를 발견했다면 중요한 첫걸음을 뗀 것이다. 재무적 컴포트 존을 확장해야겠다고 마음먹었다면 다음 단계로 넘어갈 때가 됐다.

블랙박스에 숨어 있던 머니 스크립트를 바꿔주어야 한다. 컴퓨터 암호 바꾸듯 하면 좋겠지만 머니 스크립트는 그렇게 쉽게 바뀌지 않는다. 미리 알려주자면 머니 스크립트는 생각보다 강력하다. 탄성이 강한 스프링처럼 제자리로 돌아가려는 힘이 세다. 장기전을 치르듯 전략을 가지고 임해야 좌절하지 않고 승리할 수 있다.

새로운 슬로건이 필요하다

기존의 머니 스크립트를 대체할 새로운 메시지가 필요하다. 기존의 머니 스크립트를 완전히 버리고 전혀 새로운 스크립트로 교체하는 방법이 있다. 또는 기존 머니 스크립트를 일부 첨삭하여 '머니 스크립트 개정판'을 만드는 방법도 쓸 수 있다. 모든 머니 스크립트를 단번에 깨뜨리고 재무적 컴포트 존이 무한정 넓어지면 좋겠지만 실현 가능성이 낮다. 새로운 머니 스크립트 역시 모든 경우에 통하는 절대 진리는 아닐 것이다. 우리의 전략은 머니 스크립트의 개정을 거듭하면서 재무적 컴포트 존을 조금씩 넓혀가는 것이다.

종전의 머니 스크립트가 갖고 있는 비합리성과 한계를 극복한, 새로운 머니 스크립트를 '머니 슬로건'이라고 부르기로 하자. 머니 슬로건은 깊은 사유를 거쳐 뽑아낼 수도 있지만, 매일매일 연습을 통해 조금씩 다듬어 갈 수도 있다. 돈과 관련된 일을 겪을 때마다 머니 스크립트가 작동하는 사실을 알아차리고, 그것을 교정해 주는 방식으로 머니 슬로건을 새겨가는 것이다.

경험을 통해 공부하고 나아가면 된다

성록 씨는 초보 투자자다. 요즘 주식 계좌를 만들자마자 사들였던 종목을 볼 때마다 마음이 불편하다. 엄청난 손실을 기록하고 있기 때문이다. 주변에서 추천한 종목이었는데 언제 회복될지 기대하기 어렵다. 증권사 앱을 볼 때마다 성록 씨 마음에서는 '주식은 어렵고 나는 주식과 맞지 않아. 그래서 주식으로는 수익을 낼 수 없을 거야'라는 머니 스크립트가 반복된다. 무력감과 불안이 심장을 짓누르는 것 같다.

성록 씨는 머니 스크립트에 도전해 보기로 했다. 이렇게 생각하는 게 진짜 맞는 건지 따져보기로 한 것이다. 마음을 추스르고 생각해 보니 스스로 바보 같은 투자자일 것이라고 단정 지었다는 사실을 알아차릴 수 있었다.

'나도 충분히 달라질 수 있지 않을까. 적어도 지금은 기본적인 분석도 안 하고 매수하지는 않잖아. 성장하는 투자자가 되는 과정에서 시행착오는 누구나 겪는 일이야. 경험을 통해 공부하고 나아가면 돼.'

이렇게 한 발 떨어져서 바라보니 그동안 머니 스크립트에 속아서 자책하고 전전긍긍하던 때가 억울하게 느껴졌다. 생각이 여기까지 미치자 방금까지 머릿속을 지배하던 무력감과 불안이 많이 줄어들었다. 초보 투자자 성록 씨는 앞으로도 수많은 시행착오와 시장의 불확실성에 흔들리겠지만, 자신은 주식으로 수익을 낼 수 없는 사람이라 한정 짓지 않을 것이다. 그때마다 '경험을 통해 공부하고 나아가면 돼'라는 머니 슬로건을 꺼내 들 수 있기 때문이다.

나는 이미 충분한 자원을 가지고 있다

나나 씨는 '동학개미'다. 투자해놓은 주식 때문에 신경이 여간 쓰이는 게 아니다. 투자하기 전에는 업무가 바빠 시간이 모자랄 지경이었는데 요즘은 매일 주식 앱을 보는 게 일과처럼 됐다. S전자를 계속 추가 매수 중이다. 특별한 계획이 있어서가 아니라 계속 떨어지는 주가에 열받아서 물타기를 하다 보니 포트폴리오 내 비중이 꽤 높아졌다. 그래서 더 마음에 들지 않는다. 문득 주식만 하루종일 보는 직장인이 된 것 같아 기분이 별로다.

나나 씨에게는 이런 머니 스크립트가 있었다. '돈은 땀 흘려 벌어야 하는데, 주식을 들여다보고 있는 나는 뭔가 멋지지 않다.'

땀 흘려 일해서 버는 돈. 노동의 신성한 가치를 표현하는 말이다. 그에 반해 '불로소득'은 일하지 않고 버는 돈이라는 말이다. 뭔가 떳떳하지 않다는 느낌이 들기도 한다. 주식 투자로 올린 수익을 대표적인 불로소득으로 보는 이들도 많다. 산업화 시대의 관점으로 보면 가만히 앉아서 돈 버는 것처럼 보일 것이다. 그러나 투자 세계에서도 일반적인 노동 못지않은 노력과 인내를 발휘해야 결실을 거둘 수 있다.

나나 씨는 투자를 하면서도 '투자 수익은 자기 일로 성공하지 못한 사람들이 매달리는 것'이라는 머니 스크립트를 갖고 있었다. 직장에서 자신의 능력이 부족해서 재테크로 도망친 것이라는 생각을 하는 것이었다. 그게 사실일까?

화려한 커리어는 아니지만, 나나 씨는 손꼽히는 대기업에서 제 몫을 다하고 있다. 그렇게 착실하게 직장생활을 한 덕에 종잣돈을 모을 수 있었고, 이제 그걸로 투자 세계에도 발을 내딛는 중이다. 평생직장, 정년보장이 사라진 시대에 업무에 지장을 받지 않는 범위 내에서 추가 소득원을 확보하고 자산관리를 하는 것은 필수가 됐다. 나나 씨는 오랜만에 오타쿠 기질을 맘껏 발휘할 수 있는 투자 세계가 흥미진진하다. 투자 자체를 하나의 프로젝트로 여기고 몰입하는 자신에게 더 집중해 보니 쿨한 면모를 발견할 수 있었다. 지금의 수익과 손실에 동동거리며 초조해하기 보다는 자신이 가진 자원을 잘 알아차리고 그것을 바탕으로 더 나은 자신이 되기 위해 노력하고 성취하는 모습을 계속 떠올려 보기로 했다.

그래서 나나 씨가 정리한 머니 슬로건은 이렇다. '나는 이미 충분한 자원을 가지고 있어. 이제 이걸로 멋지게 도전할 거야.'

4장

자동 부자 시스템 4단계

돈 관리 핵심 기술을 내 것으로 만들어라

1

메타인지와 리스크 관리

"너 자신을 알라."

고대 그리스 델포이의 아폴론 신전 현관 기둥에 새겨졌다는 유명한 말이다. 소크라테스는 이 말을 자신의 철학적 출발점으로 삼을 만큼 자기의 무지를 아는 것이 중요하다고 여겼다.

공자는 제자 자로에게 "어떤 것을 알면 그것을 안다고 하고, 알지 못하면 알지 못한다고 하는 것, 이것이 진정으로 아는 것이다"라고 가르쳤다.

소크라테스와 공자가 강조한 것을 심리학 용어로 풀어낸다면 '메타인지'다. 메타인지란 자신이 무엇을 알고 모르는지에 대해 아는 것이며, 모르는 부분을 보완하기 위해 계획을 세우고 실행하며 그 과정을 평가하는 능력이다.

시험을 앞둔 학생 A와 B가 있다. A는 자신이 알고 있는 것과 모르는 것을 파악하고 있으며, 남은 기간 동안 어떤 전략으로 시험공부를 할 것인지 계획하고 중간중간 진척 과정을 체크하면서 공부한다. 반면 B는 이미 알고 있는 것만 계속 들여다보다가 시험 범위를 다 소화하지 못한 채 시험을 보고 말았다. A와 B 중 누가 더 메타인지가 높을까? 당연히 학생 A다. 시험 성적 역시 A가 더 좋다.

무조건 열심히 하는 것만으로는 부족하다. 전략이 필요하다. 전략을 세우고 실행하는 과정에서도 보고 싶은 것만 보고, 듣고 싶은 것만 듣는 '확증편향'을 멀리해야 한다. 현재 상황과 미래를 객관적으로 판단할 수 있는 능력이 필요하다. 이것이 메타인지다.

메타인지는 학습뿐만 아니라 업무, 대인 관계 등 다양한 영역에 적용할 수 있다. 특히 돈 관리 영역에서 메타인지가 높으면 투자 실패 확률을 낮추고 불필요한 비용을 줄일 수 있다. 다시 말해서 리스크를 관리할 수 있게 된다.

리스크란 무엇인가

리스크risk는 '위험'으로 번역해 사용하는 경우가 많지만, 그보다 다양한 의미로 쓰인다. 우선 원하지 않는 상황이나 사건의 발생으로 입을 수 있는 경제적 손실(자산가치의 하락)을 의미한다. 한편 주식 투자와 같이 손실과 이익의 가능성이 공존하는 경우도 리스크라고 한다.

학술적으로는 전자와 같이 손실 가능성만 있는 것을 '순수 위험'이라고 한다. 조기 사망, 장애, 질병, 실직, 화재, 배상 책임 등의 사고가 여기에 속한다. 그러나 이 책에서는 개념을 확장하여, 개인의 바람직한 돈 관리를 방해하고 위협하는 여러 요인을 리스크의 범주에 포함했다. 필요할 때 현금이 없는 유동성 리스크, 과도한 부채로 겪을 수 있는 부채 리스크, 세금과 개인신용관리 등을 제대로 하지 못할 때 당하는 리스크 또한 가벼이 넘길 수 없기 때문이다.

리스크를 완벽하게 통제하는 것은 불가능하다. 그럴 수 있다면 그것은 이미 리스크가 아니다. 누군가 리스크를 '제로' 상태로 만들 수 있다고 장담한다면 십중팔구 사기꾼이거나 메타인지 능력이 제로인 사람이다. 리스크는 실행 가능한 범위 안에서 관리하는 것이 최선이다.

메타인지와 재무 리스크 관리의 관계를 살펴보자. 재무 리스크를 관리하는 데 있어서 메타인지가 높다는 것은 다음과 같은 상태를 말한다.

첫째, 현재 재무 상태를 정확히 파악하고 있다. 둘째, 앞으로 달성해야 할 재무 목표를 알고 있다. 셋째, 그 과정에서 발생할 수 있는 리스크를 파악하고 있다. 넷째, 리스크를 관리하고 재무 목표를 달성할 수 있는 전략을 세우고 실행할 수 있다. 다섯째, 전략 실행 과정을 모니터링하면서 수정 보완할 수 있다.

단순히 재테크 정보를 많이 알거나 돈이 많다고 해서 재무 리스크를 효과적으로 관리할 수 있는 것은 아니다. 메타인지가 높아야 재무 리스크를 잘 관리할 수 있다.

2

저축은 기본 중의 기본

일반적으로 사람들은 '저축'이라는 단어를 듣는 순간 크게 두 가지 반응을 보인다. 첫째는 "저축이 필요하고 좋다는 건 알겠는데 저축할 돈이 없다" 둘째는 "저축으로 언제 부자가 되냐?"이다. 그렇다면 이 두 가지 반응에 대한 반론을 제기해 볼까 한다.

그래도 해야 하는 저축

첫 번째 반응은 소비하느라 저축할 여력이 없다는 뜻이다. 한국은행에 따르면 2020년 한국의 개인순저축률은 11.9%다. 개인순저축률은 세금과 이자 등을 제외하고 개인이 쓸 수 있는 모든 소득(가처분소득) 가운데 소비 지출에 쓰고 남은 돈의 비율을 말한다. 즉, 세전 소득이 100만 원이고, 세금과 이자 등으로 10만 원이 나갔다면 가처분소득은 90만 원이다. 이때 개인순저축률이 11.9%라면 10만 7,100

개인순저축률 변화 추이

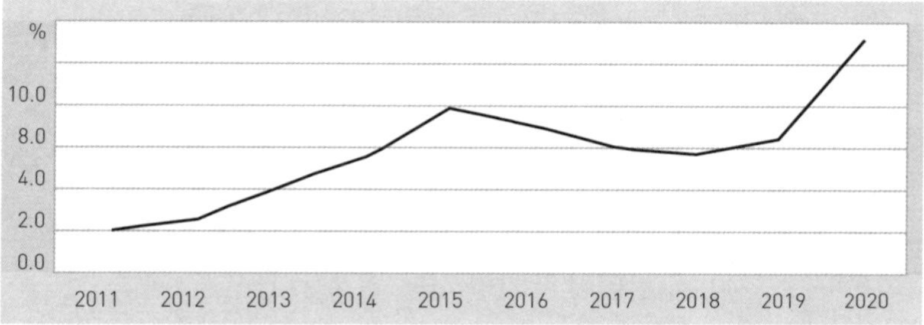

출처 : 한국은행

원(90만 원 x 11.9%=10만 7,100원)을 저축하는 셈이다.

하지만 이것은 어디까지나 통계로 나타난 값(평균)이다. 평균의 함정에 빠지면 안 된다. 실제로는 저축을 전혀 못 하거나 저축은커녕 빚이 계속 늘어나는 개인도 상당히 많다. 소득의 절대 금액이 적어서 그럴 수도 있고, 일시적으로 소득이 불안정한 경우도 그렇다.

개인순저축률이 마이너스여도 금방 망하는 것은 아니다. 실직하거나 매출이 급감해서 소득이 전혀 없는 상황에 놓이더라도, 보유하고 있는 금융자산(예금, 주식, 펀드, 연금, 보험 등)으로 소득을 대체할 수 있다. 대출을 받아 이어갈 수도 있다. 이때 언제라도 원금 손실 없이 현금화할 수 있는 자산이 가장 유리하다. 저축이 빛을 발하는 순간이다.

가혹하게 들리겠지만, 저축할 여력이 없다는 말에 되돌려 줄 대답은 '그래도 해야 한다'이다. 가뭄이 얼마나 무서운지 아는 농부는 당장 쓸 일이 없어도 저수지를 채운다. 저수지에 채운 물이 논밭을 살릴 것이기 때문이다.

저축 없는 투자는 위태롭다

두 번째 반응인 "저축으로 언제 부자 되냐?"는 말에 답할 차례다. 저금리 시대에 자주 접하는 지극히 자연스러운 반응이다. 투자 자산, 부동산의 가격 상승 앞에 예금 이자는 초라할 지경이다. 일부 특수한 경우를 제외하고 '저축만 해서 부자 되기 어렵다'라는 말에 동의한다. 그러나 저축 없이 투자만 하면 위태롭다.

투자의 세계에서 현금은 대단히 중요한 위치를 차지한다. 포트폴리오에 현금이 없다는 말은 축구 경기에서 골키퍼 없이 전원 공격하는 것보다 위험하다. 강력한 공격력을 갖춘 팀은 많은 점수를 내는 데는 유리하다. 그러나 우승하는 팀은 예외 없이 수비가 강하다. 투자를 더욱 견고하게 하기 위해서 저축은 숨은 일등 공신 역할을 한다.

저축은 얼마나 해야 하나

저축을 왜 해야 하는지 충분히 이해됐다면, 얼마나 저축해야 하는지 생각해 볼 차례다. 메타인지를 활용해서 당신이 처한 상황을 분석해 보자.

첫째, 소득이 일정한지, 예측 가능한지에 따라 채워둘 저축액이 다르다. 자영업자, 프리랜서 등은 직장인보다 소득 변동성이 매우 크다. 일이 잘될 때는 몇 달 치를 한꺼번에 벌기도 하지만 일이 없으면 재정 상태가 급속하게 나빠질 수 있다. 따라서 직장인보다 훨씬 많은 저축(유동성)이 필요하다. 최소한 6개월을 견딜 수 있는 정도의 예금을 별도의 통장에 마련해 두는 것이 좋다.

둘째, 외벌이냐 맞벌이냐에 따라 다르다. 외벌이 가정에서 소득이 중단되면 충격이 상당하다. 종전 소득이 100이었다면 순식간에 제로가 되기 때문이다. 그에 비해 맞벌이 가정은 한 사람이 소득이 줄더라도 상대적으로 영향을 덜 받는다. 일반적으로 맞벌이 가정은 평소 지출액의 3개월 치, 외벌이 가정은 6개월 치를 별도 예금으로 예치해 두기를 권한다.

셋째, 1년 이내에 쓸 돈은 무조건 저축에 담아 두어야 한다. 사실 투자 시장의 변동성을 생각하면 1년도 짧다. 소득 중단 등의 상황을 대비한 '비상예비자금'을 준비한 다음에 할 일은 1~3년 이내에 쓸 돈은 저축(예금)으로 돌려놓아야 한다. 투자 시장에 머물수록 기대수익은 높겠지만 그만큼 손실 리스크에 노출된다는 사실을 함께 기억해야 한다. 재정 관리의 목적은 더 높은 수익률이 아니라 필요한 때에 필요한 돈이 준비되도록 하는 것임을 잊지 말자.

3

예산은 세우지 않아도 된다

제목을 보고 '혹시 오타가 아닌가'라고 생각했을 수도 있다. 하지만 오타가 아니다. 예산은 세우지 않아도 된다. 이 말을 듣고 갑자기 마음이 평온해지면서 돈 관리에 관한 부담이 확 줄어드는 기분을 느끼는 사람도 있을 것이다. 모든 재테크 관련 도서에서 예산은 반드시 세워야 한다고 강조하는데 그럴 필요가 없다니 얼마나 반가운 일인가.

예산 세우기는 내공이 쌓여야 한다

결론부터 말하면 예산이 불필요해서 세우지 말라는 건 아니다. 예산은 필요하다. 다만 지금 꼭 해야 하는 것은 아니다라는 말이다. 사실 예산은 고난도의 기술과 경험을 축적해야 무리 없이 할 수 있는 작업이다. 초보자가 어설프게 도전했다가는 내상을 입기에 딱 좋은 작업이란 말이다. 부상을 당한 후에 다시 도전하는 미덕은 아름답지만, 대부분의 사람들은 진저리를 치고 아예 포기해 버린다. 이 책을 읽는 독자 중에도 예산 세우기에 도전했다가 자책과 자괴감으로 괴로웠던 경험을 했던 사람들이 분명히 있을 것이다. 괜찮다. 당신만 그런 건 아니다.

사실 재테크 중급자 중에도 예산이라는 단어만 나오면 지루함과 숨 막힐 것 같은 느낌 때문에 그냥 넘어가는 분들도 많다(물론 이 책을 읽는 독자 중에 상당한 내공을 갖춘 재테크 고수도 있을 것이다. 그런 분들은 이미 예결산 작업을 하고 있을 테니 다음 이야기로 넘어가도 좋다). 그러니 안심하시라. 예산을 세우지 않으면 돈 관리를 못 하는 것처럼 여기지 않아도 된다. 예산 말고도 할 것은 많다.

아직도 뭔가 미심쩍어하는 분들을 위해 한 가지 사실을 더 알려주겠다. 숫자를 다루는 일에 종사하는 사람들, 예를 들면 금융회사 직원이나 회사 재무팀 직원, 심지어 회계사, 세무사들 중에도 개인 예산을 세우지 않는 (또는 못 하는) 사람들이 꽤 많다. 회사에서 숫자를 너무 많이 다뤄서 처리할 수 있는 용량을 초과했기 때문일까? 요리사가 집에서는 요리를 안 하려고 하는 것처럼 말이다. 실제로 그렇게 말씀하시는 분도 있다. 직장에서는 1원까지 딱 맞아야 직성이 풀리는데 개인 재정으로 넘어오는 순간 무장해제 된다고 한다. '하면 제대로 하고, 제대로 안 할 거면 아예 손대지 않는다'라는 원칙이 있는 것처럼 행동한다. 결국 예산은 뒷전으로 밀려난다.

엑셀이나 가계부 앱을 다루는 실력이 모자라서 그런 것이 아니다.

숫자의 문제가 아닌 것이다. 회사 일은 칼같이 하는 사람들이 개인 예산 세우는 일에 심드렁하거나 무력해지는 이유가 있다. 직접적인 이유는 아무도 강제하지 않기 때문이다. 다시 말해서 안 해도 뭐라 하는 사람이 없다.

또 다른 이유는 그 숫자들을 추적하고 마주하는 대상이 자신이기 때문이다. 모든 결과가 전부 자신의 책임으로 돌아온다. 성공보다는 실패할 확률이 높은데 이걸 받아들이기가 힘들다. 잘했다고 따로 보상이 있는 것도 아니다. 그래서 몇 번 해 보다가 그만둔다.

예산의 징검다리 놓기

처음부터 너무 완벽하게 하려다가 더 어렵게 된다. 징검다리를 놓으면 된다. 예산이라는 말만 들어도 위축된다면 가장 간단한 예산부터 시작해 보자.

첫 번째 징검다리는 '총액 예산'이다. 수입과 지출 총액으로 예산을 세워보는 것이다. 세부 항목은 생각하지 말고 총액 단위에서 지출이 수입을 초과하지 않도록 하는 데 집중하자.

두 번째 징검다리는 '월간 예산'이다. 원래 예산은 1년 단위로 수립하는 게 원칙이다. 그러나 엄두가 나지 않으면 잘게 쪼개야 한다. 첫 번째 징검다리로 놓았던 '총액 예산'도 1년으로 잡으면 막막하고 오류가 많이 생긴다. 대신 월 단위로 수입은 얼마나 될지, 지출은 얼마나 될지 가늠해 보는 것은 상대적으로 쉽다. 지난달 급여명세서와 카드명세서, 자동이체 내역 등을 참고하면 사실에 근접한 예산을 세울 수 있을 것이다. 월간 예산이 조금 버겁다면 주간 단위로 세워도 된다. 월간 예산이 익숙해지면 분기 예산, 연간 예산으로 확장하면 좋다.

세 번째 징검다리는 '저축 예산'이다. 총액 예산과 월간 예산 징검다리까지 놓았다면 대략적인 돈의 흐름이 보일 것이다. 그리고 수입 범위 안에서 지출 규모를 관리하는 게 불가능해 보이지 않을 것이다. 다만 저축을 얼마나 해야 하는지, 또는 할 수 있을지 모르겠다는 분들도 있다. 저축도 예산을 세워서 하는 것이 좋다. 매일, 매주, 매월 할 수 있는 저축액을 정해놓고 실행한다. 처음부터 너무 의욕만 앞선 나머지 큰 금액을 정했다가 실패하기보다는 적은 금액, 짧은 기간으로 정하는 편을 추천한다.

예를 들면 '매주 1만 원씩 26주간 적금 붓기'를 시작해 보자. 26주(6개월) 후엔 원금 26만 원에 병아리 눈곱만한 이자를 쥐게 될 것이다. 중요한 것은 금액이 아니라 저축 예산을 세워서 끝까지 실행에 옮겼다는 성공 경험이다. 성공 경험이 쌓일수록 예산을 세우는 게 두렵지 않고, 막연했던 미래가 눈앞에 그려지는 쾌감을 맛보게 될 것이다.

4

재무 상태 셀프 체크법

건강 검진을 하는 목적은 몸의 상태를 제대로 파악하기 위함이다. 건강 검진으로 질병을 조기에 발견하는 경우가 종종 있다. 무엇을 조심하고 신경 써야 하는지 알 수 있는 것도 건강 검진의 유익이다. 의사 선생님들은 하나같이 스트레스받지 말고, 몸에 좋은 식생활과 규칙적인 운동을 권한다. 그래야 건강해지기 때문이다. 문제는 알면서도 잘 안된다는 점이다.

개인의 재무 상태도 정기적인 검진이 필요하다. 단순히 자산이 늘어나고 소득이 오른다고 좋아할 일이 아니기 때문이다. 겉보기에는 멀쩡한데 속은 텅텅 빈 상태이거나, 지금은 별문제가 없지만 치명적인 위험에 노출된 채 가고 있을 수 있다. 미리미리 체크해서 보완할 것은 보완하고 더 나은 방법을 찾는 계기를 마련해야 한다.

한 가지 좋은 소식이 있다. 건강 검진은 병원을 가야 할 수 있지만 기본적인 재무 상태 체크는 혼자서도 얼마든지 할 수 있다. 재무 상태 체크의 종류나 디테일에 따라 차이는 있지만 가장 필수적인 셀프 체크는 반나절이면 충분하다. 엑셀이나 구글 스프레드시트를 사용할 수 있으면 더 수월하고, 계산기만 있어도 가능하다. 숫자에 약하다고 겁먹을 것도 없다. 빈칸 채우기처럼 생각하고 일단 시작하면 된다. 재무 상태 셀프 체크는 두 개의 표를 작성하고 분석하면 된다.

내 돈의 움직임을 알려주는 현금흐름표

'현금흐름표'라는 용어를 들어본 적이 있는가? 처음 듣는 말이라도 상관없다. 정확한 의미는 몰라도 현금이 들어오고 나가는 것과 관련된 표라는 느낌이 든다면 이해한 거나 다름없다. 원래는 기업회계에서 사용하는 재무제표 중 하나인데 개인 재정을 살펴보는 데에도 매우 유용하다.

현금흐름표는 일정 기간의 소득과 지출을 기록하는 표다. 일주일, 한 달 단위로 작성할 수도 있지만 주로 1년 단위로 기록한다. 즉 1월 1일부터 그해 12월 31일까지 내가 번 모든 돈을 '소득' 내역에 적고, 소비하고 저축(투자)한 돈은 '지출' 내역에 기록하면 끝난다.

총수입과 총지출을 비교하면 여윳돈이 생기는지, 현금이 부족한지 한 눈에 알아볼 수 있다. 총수입보다 총지출이 적은 상태가 바람직한 상태라는 것은 굳이 설명이 필요 없을 것이다. 다만 잉여자금이 지나치게 많다면 쓸 곳을 정해주지 않은 돈이 많다고 볼 수 있다. 이 돈들은 아무 일도 하지 않고 통장에서 잠을 자고 있는 셈이다. 그러

현금흐름표

(2021.1.1.~12.31)

소득		지출	
항목	금액	항목	금액
근로소득	5,000만 원	저축&투자	1,200만 원
사업소득		대출상환	600만 원
이자소득		세금	300만 원
배당소득	200만 원	생활비	3,000만 원
기타소득	300만 원	기타	200만 원
총수입(A)	5,500만 원	총지출(B)	5,300만 원
		과부족(A)-(B)	200만 원

나 적지 않은 케이스에서 현금흐름표 상의 잉여자금은 실제로 존재하지 않는다. 파악하지 못한 지출이 있을 가능성이 매우 높다. 이 부분은 꾸준한 재정관리를 통해 현실과 현금흐름표를 맞춰가면 된다.

현금흐름표를 1년 단위로 작성하는 게 어렵다면 처음에는 한 달 단위로 연습해 보는 걸 추천한다. 매월 1일부터 말일까지 소득과 지출을 기록하면 된다. 가계부 쓰는 것과 비슷하다. 1년 치 가계부를 모으면 현금흐름표가 된다. 수입과 지출이 매월 똑같지 않기 때문에 어떤 달은 여윳돈이 생겨서 다음 달로 넘어가고, 어떤 달은 지출이 많아 마이너스가 발생할 때도 있을 것이다. 이처럼 1년 단위로 합산해서 보면 연중 발생한 수입과 지출의 편차를 통산한 현금흐름 과부족을 파악할 수 있다. 그래야 장기 계획을 세우고 실행하는 데 필요한 정보를 얻을 수 있다.

현금흐름표 작성하는 법

현금흐름표는 1년간의 기록이기 때문에 만드는 데 시간이 걸린다. 어쩔 수 없는 부분이지만 지금 셀프 체크를 하고 싶은 입장에서는 답답하다. 시작하기도 전에 포기해 버릴 수도 있다. 방법이 없을까?

직장인이라면 전년도 '근로소득 원천징수영수증'을 활용하면 된다. 매년 연말정산 후에 발급해주는 원천징수영수증에는 간편하게 현금흐름표를 작성할 수 있는 정보가 담겨 있다. 원천징수영수증을 보면 총급여와 비과세소득이 나와 있다. 이를 소득으로 잡고, 연간 임대소득, 이자소득 배당소득, 기타소득 등이 있다면 합산한다.

다음은 지출 부분이다. 연말정산으로 확정된 결정세액(소득세+지방소득세)과 내가 납부한 국민연금보험료, 국민건강보험료, 고용보험료를 확인할 수 있다. 카드 및 현금영수증, 보장성보험료, 교육비, 의료비, 기부금으로 사용한 액수를 합산하면 소비 지출액의 대략을 추정할 수 있다. 또한 주택청약종합저축, 연금저축, IRP 납입액도 확인할 수 있는데 이는 다른 저축이나 투자금액과 합산하여 기록하면 된다.

이처럼 원천징수영수증에서 확인할 수 있는 금액만으로도 짧은 시간 안에 현금흐름이 양호한지를 체크할 수 있다. 물론 원천징수영수증에 드러나지 않는 예·적금, 저축성보험료, 펀드·주식 투자금액, 각종 이체금액, 대출상환액, 현금 지출 등을 추가하면 총액 단위에서 현금흐름표를 좀 더 사실에 가깝게 만들 수 있을 것이다.

현금흐름표의 지출 항목은 잘게 쪼갤수록 구체적인 관리를 할 수 있는 장점이 있다. 예를 들어 생활비의 범주가 너무 포괄적이라면 식비, 통신비, 교통비, 여가비, 자기계발비, 교육비, 의료비 등으로 구분할 수 있다. 다만 무조건 여러 개로 나누는 것이 최선은 아니며, 각자 관리할 수 있는 수준에서 결정하는 것이 좋겠다.

현금흐름표 체크 포인트

현금흐름표를 작성했다면 다음으로 자가진단을 해보자.

첫째, 소득과 지출 총액, 과부족 금액이 맨 먼저 눈에 띌 것이다. 과부족 금액이 마이너스라면 소비지출을 줄여서 플러스로 전환하도록 노력해야 한다. 총소득보다 총지출이 많다는 것은 자산을 갉아먹고 있거나 부채가 증가하고 있다는 신호이기 때문이다. 때로는 저축이나 대출원금 상환액이 많아서 현금흐름이 부족할 수도 있으나, 아랫돌 빼서 윗돌 괴는 것과 다를 바 없으므로 유의하는 것이 좋다.

둘째, 저축률이 적정한지 살펴봐야 한다. 저축을 전혀 못 하고 있거나 소득에 비해 매우 낮다면, 앞으로 재무 상태가 더 좋아지는 데 한계가 있다고 할 수 있다. 저축액에 포함되는 것에는 예금, 적금, 펀드, 주식 매수액, 연금, 저축성보험료 등이 있다. 매도(환매) 또는 만기로 인해 들어온 자금을 재투자하는 경우는 제외한다. 보험 중에서는 연금보험처럼 납입한 보험료보다 만기 적립금이 많은 보험만 저축에 포함한다. 종신보험, 암보험, 실손의료보험처럼 보장 목적이 주된 보험은 제외한다.

셋째, 총부채상환 비율이 적정한지 봐야 한다. 대출의 종류와 상관없이 부채상환에 얼마를 쓰고 있는지 점검해 보는 것이다. 만약 부채상환 비율이 지나치게 높다면 소득의 변화가 생겼을 때 대응하기가 어려울 수 있으므로 주의해야 한다.

내 돈의 현재 스코어, 자산부채상태표

오늘 기준으로 내 돈(자산)의 상태를 알고 싶다면 '자산부채상태표'를 보면 된다. 내가 갖고 있는 모든 금융자산, 부동산, 사용자산, 부채 등을 기록하면 자산부채상태표가 된다. 기업회계에서 사용하는 '대차대조표'를 개인 재정에 적용한 것이라 보면 된다.

현금흐름표가 일정 '기간'에 대한 기록이라면 자산부채상태표는 특정 '시점'의 기록이라는 점이 다르다. 그러나 자산부채상태표와 현금흐름표는 긴밀하게 연결되어 있기 때문에, 두 가지를 모두 작성하고 살펴봐야 제대로 된 재무진단을 할 수 있다.

자산부채상태표 작성하는 법

자산부채상태표는 크게 자산, 부채, 순자산으로 구성된다. 순자산은 자산총액에서 부채를 뺀 값이므로, 자산과 부채 내역을 작성하면 순자산은 자동으로 산출된다.

모든 자산과 부채 금액은 기준일 현재 시가로 작성하는 것이 원칙이다. 금융자산이라면 해지 또는 매도할 경우 받을 수 있는 금액으로 적고, 부동산은 실거래가격을 참고하여 반영한다. 사용자산의 일종인 자동차는 중고 매매가를 적용하면 될 것이다.

자산부채상태표

(2021.12.31 기준)

자산		부채 및 순자산	
항목	금액	항목	금액
금융자산	5,000만 원	담보대출	1억 5,000만 원
부동산	5억 원	신용대출	2,000만 원
사용자산	2,000만 원	기타부채	
기타자산		순자산	4억 원
총자산	5억 7,000만 원	부채 및 순자산	5억 7,000만 원

퇴직연금 중 확정기여형(DC형) 또는 IRP는 기준일 현재 평가금액을 기록한다. 확정급여형(DB형)은 구체적인 금액을 확인하기 어렵다면 제외할 수 있지만, 퇴직연금은 노후설계에 매우 중요한 위치를 차지하므로 각주 또는 별도 주석으로 표시해 두는 것이 좋다.

부채 금액은 최초 대출금에서 원금 상환액을 빼고 기준일 현재 남아 있는 대출원금으로 작성한다. 주택담보대출이나 전세금대출, 마이너스통장처럼 매월 이자를 내야 하는 부채뿐만 아니라 세입자에게 내어 줄 보증금도 부채에 포함해야 한다. 신용카드 결제(할부금) 잔액이 있다면 부채에 넣는 것이 바람직하다.

자산부채상태표 체크 포인트

경제적으로 자유롭고 건강한 재정 상황을 만들기 위해서는 내 돈의 현재 상태를 정확히 파악하는 것이 중요하다. 부채가 얼마고, 자산은 얼마인지, 또 그 비율이 적정한지 등을 파악하는 것이다. 이를 위해 자산부채상태표를 작성해 보는 것도 매우 유용하다. 자산부채상태표를 작성하면 다음 세 가지를 분명하게 파악할 수 있게 된다.

첫째, 부채의 적정성이다. 과도한 부채는 재무관리에 큰 부담으로 작용한다. 매월 지출하는 대출 원리금은 물론, 자산 가격이 떨어지면 심각한 영향을 받을 수도 있다. 따라서 부채 비율이 적정선 이하인지 확인하고 관리할 필요가 있다.

둘째, 순자산의 증감이다. 자산부채상태표를 정기적으로 작성하면 순자산이 어떻게 변하는지 알 수 있다. 개인의 재무 상태를 단적으로 보여주는 숫자는 순자산이다. 순자산이 꾸준히 증가한다면 재무적으로 탄탄할 가능성이 크기 때문이다. 자산이 많을수록 부자라고 생각하기 쉽지만, 각종 부채를 제외한 순자산이 자기 몫이라는 사실을 잊지 말아야 한다.

셋째, 자산별 비중 현황이다. 총자산에서 금융자산의 비중이 어느 정도인지 살펴보자. 주택 관련 자산(거주 주택, 전월세보증금)의 비중이 높을 수밖에 없지만, 금융자산 비중이 10% 이하라면 주의해야 한다. 금융자산도 현금(예금, 적금), 채권, 주식으로 구분했을 때 특정 자산의 비중이 지나치게 높지 않은지 체크해 보자. 이른바 '몰빵투자'를 하고 있다면 리스크 관리 차원에서 분산하는 것이 좋다.

각각의 적정 비율을 모두에게 일률적으로 적용하는 것은 무리가 있다. 그러나 상명대 양세정 교수 연구팀이 발표한 〈한국형 재무비율 가이드라인 제안〉과 자신의 재무 상태를 비교하여 참고하는 것은 의미가 있을 것이다.

한국형 재무비율 가이드라인 제안

지표		재무비율	재무비율 가이드라인	연령대 제안
가계수지지표		총지출 / 총소득	70% 이하	20대 : 50% 30대 : 70% 40대 : 80% 50대 : 90% 65세 이상 : 95%
비상자금지표		유동성자산 / 총소득	4~6배	20대 : 2배 30대 : 3배 40대 : 4배 50대 : 5배 65세 이상 : 6배
부채지표				
현금흐름	총부채상환지표	총부채상환액 / 총소득	30% 이하	30~40대 : 25% 미만 65세 이상 : 0%
현금흐름	소비생활부채상환지표	소비생활부채상환액 / 총소득	10% 이하	20대 : 5% 30대 : 8% 40~50대 : 10%
현금흐름	거주주택마련부채상환지표	거주주택마련부채상환액 / 총소득	20% 이하	
자산부채상태	총부채부담지표	총부채 / 총자산	40% 이하	
자산부채상태	거주주택마련부채부담지표	거주주택마련부채잔액 / 총자산	30% 이하	
보장성보험준비지표		보장성보험료 / 총소득	8~10%	

저축 및 투자 성향지표

현금흐름	총저축성향지표	$\frac{\text{총저축}}{\text{총소득}}$	30% 이상	20대 : 50% 30대 : 30% 40대 : 20% 50대 : 10% 65세 이상 : 5%
	금융투자성향지표	$\frac{\text{금융투자저축}}{\text{총저축}}$	30% 이상	20대 : 50% 30대 : 40% 40대 : 30% 50대 : 20%
	노후대비저축지표	$\frac{\text{노후대비저축}}{\text{총저축}}$	50% 이상	
자산부채상태	금융자산비중지표	$\frac{\text{금융자산}}{\text{총자산}}$	40% 이상	

출처 : 한국형 가계재무비율 도출 및 가이드라인 제안(양세정 외, Financial Planning Review

5

생애 재무 상태 추정하기

현금흐름표와 자산부채상태표를 통해 일반적인 재무 상태 파악과 기본적인 진단을 할 수 있다. 나날이 발전하는 핀테크 관련 앱이나 서비스를 이용하면 더욱 쉽게 진단이 가능하다. 지금껏 이런 작업을 하지 않았다면 이전과는 다른 각도에서 자신의 재정을 살펴보는 계기가 되었을 것이다.

그러나 이러한 재무 상태 진단은 한계가 있다. 소득의 원천을 명확하게 드러내지 못하기 때문이다. 현금흐름표에 근로, 사업, 이자, 배당소득 등으로 빠짐없이 기록했는데 난데없이 소득의 원천이 명확하지 않다는 말이 이상하게 들릴 수도 있다. 일해서 벌고, 금융자산 운용 등을 통해 번다는 측면에서 보면 맞다. 그러나 한 단계 더 들어가면 보다 근원적인 요소가 있다는 것을 알 수 있다.

지속 가능한 소득 원천을 가지고 있는가

학교에서 생산의 3요소가 '토지', '노동', '자본'이라는 것을 배웠을 것이다. 생산은 소득으로 연결되기 때문에 토지, 노동, 자본을 '소득의 원천'으로 이해해도 무리가 없다. 근로소득은 표면적으로는 회사가 지급하는 것이지만 '나의 노동력'이 소득의 원천이다. 따라서 실직하더라도 내 노동력을 사 줄 대상만 있다면 큰 문제는 아니다. "내가 노동시장에서 경쟁력을 갖추고 있는가?"라는 질문에 어떤 대답을 내놓을 수 있느냐가 현재 소득의 원천이 어떤 수준인지 알려준다.

자산부채상태표에 표시한 자산 중에도 가격이 상승하거나 규칙적으로 소득을 창출할 수 있는 것과 그렇지 않은 것은 전혀 성격이 다르다. 부동산 중에도 임대소득이 발생하는 상가나 주택은 자산 가치가 있는 부동산이지만, 개발 가능성이 희박한 오지 임야는 비용만 유발하는 애물단지라고 할 수 있다. 나를 위해 '일하는 자산'이냐, 가만히 앉아서 '놀고 있는 자산'이냐를 구분할 수 있어야 한다.

'원천'이라는 말은 물이 흘러나오는 근원이라는 뜻이다. 끊임없이 샘솟는 샘물을 곁에 두고 있다면 물 걱정은 안 할 것이다. 지속 가능한 소득 원천을 다양하게 보유한 사람과 그렇지 못한 사람의 차이는 시간이 갈수록 뚜렷하게 드러날 것이다. 최근 'N잡러'에 대한 관심이 높아지는 것도 다양한 소득 원천을 확보하려는 노력의 일환으로 볼 수 있다. 그러나 시야를 생애 전체로 확장해서 바라보면 또 다른 통찰을 얻을 수 있다.

당신의 인적 자본은 얼마인가

경제활동을 시작한 지 얼마 되지 않은 20~30대는 소득과 자산 규모가 50~60대에 비해 작을 수밖에 없다. 그러나 '장래에 벌어들일 소득의 총량'은 50~60대에 비하면 압도적으로 많을 것이다. 이를 '인적 자본'이라고 한다. 인적 자본에는 장래 소득뿐만 아니라 지식, 기술, 경험, 평판, 인맥 등이 포함된다. 아직 돈으로 환산되지 않은 자본이라고 볼 수 있다.

인적 자본은 시간이 지남에 따라 '재무적 자본'으로 전환된다. 투자 분야의 세계적인 석학 로저 이보트슨 예일대학교 교수는 이것을 다음과 같은 그래프로 표현하였다.

생애 전체로 보면 젊을 때는 인적 자본이 많은 대신 재무적 자본은 적다. 나이가 들면서 인적 자본은 점차 줄어들고 재무적 자본은 축적되는 양상을 띤다. 그리고 인적 자본과 재무적 자본을 합한 개념인 '부의 총량' 역시 늘어나는 추세를 보인다.

현실 세계에서는 개인에 따라 인적 자본과 재무적 자본의 궤적은 다르게 나타날 것이다. 따라서 자신에게 내재된 인적 자본을 발견하고 효과적으로 계발하는 것이 중요하다.

인적 자본이 재무적 자본으로 전환되는 과정에서 더 많은 부가가치를 낼 수 있도록 해야 할 것이다. 재무적 자본 역시 소득 원천으로서의 기능을 충분히 발휘할 수 있도록 취득, 보유, 매도하는 과정에 각별한 주의가 있어야 한다.

생애주기에 따른 인적 자본과 재무적 자본

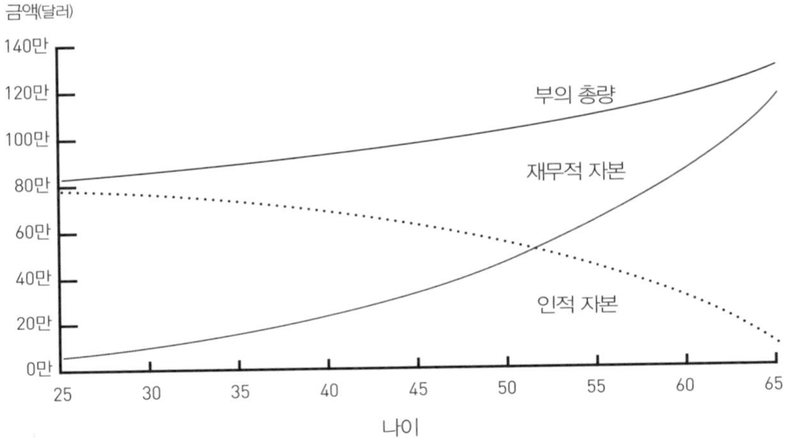

미래에 쓸 돈은 얼마나 있는가

소득의 원천 상대편에는 미래에 써야 할 지출이 기다리고 있다. 일상적인 지출이 아니라 장기간 준비해야 실현할 수 있는 수준의 지출이다. 주택자금, 노후 자금이 대표적이고 자녀 교육, 결혼자금도 미래 지출의 일종이다.

미래 지출을 다른 말로는 '재무 목표'라고 한다. 달성을 전제로 하는 목표에는 다섯 가지가 필요하다. 이른바 'SMART한 목표 설정'이다. '구체적이고Specific', '측정할 수 있고Measurable', '달성 가능하며Achievable', '삶의 방향에 부합하고Relevant', '기한을 정한Time-bound' 것이어야 제대로 된 목표 설정이라고 할 수 있다.

주택자금을 재무 목표로 설정한다면 다음과 같이 써볼 수 있다.

'나는 5년 후에 ○○아파트(85㎡)를 현재 아파트 보증금 5억 원, 예금 및 주식 1억 원과 5년간 저축액 1억 원, 대출금 2억 원으로 사겠다. ○○아파트는 내 라이프스타일에 맞는 현실적인 거주지이며, 대출상환액은 소득의 20%를 넘지 않아 충분히 여력이 있다.'

삶이 계획한 대로 반드시 되는 것은 아니다. 그러나 목표를 세우고 꾸준히 실천하는 것과 그때그때 상황에 따라 결정하는 것은 차이가 있다. 당초에 세운 목표를 달성하지 못하거나 환경이 예상과 다르게 변하더라도 '목표에 근접한 결과' 또는 '플랜 B'를 실행할 수 있기 때문이다.

생애 재무 상태표 작성하기

지금까지 현재의 재무 상태와 소득의 원천, 그리고 미래 지출에 대해 살펴보았다. 정기적으로 현재의 재무 상태를 업데이트하는 것은 재정관리에 큰 도움이 된다. 그러나 거기서 한발 더 나아가 각각의 요소가 긴밀하게 연결된 구조를 이해하고, 원하는 삶을 살아가는 데 돈이 제 역할을 할 수 있도록 큰 그림을 그릴 필요가 있다.

지금까지 누적된 결과인 현재 재무 상태를 냉정하게 분석하고, 숨어 있는 자산인 인적 자본을 발견함과 동시에 부가가치가 높은 자산 위주로 부의 총량을 구성해야 한다. 또한 삶의 방향에 걸맞은 재무 목표를 설정하고 실행하는 전략을 세울 수 있도록 '생애 재무 상태표'를 작성하면 스스로 동기를 부여하고 나아갈 힘과 아이디어를 얻을 수 있을 것이다.

생애 재무 상태표

생애 재무 상태					
소득 원천	현재 재무 상태				미래 지출
	자산	현금흐름		부채	
		소득	지출		
인적자본	금융자산	근로소득	저축 및 투자	담보대출	주택자금
금융자본	부동산	사업소득	고정지출	신용대출	노후자금
부동산	사용자산	금융소득	변동지출	기타부채	증여
⋮	⋮	⋮	⋮	⋮	⋮

6

리스크 관리에 도움 되는 보험

보험은 가장 어려운 금융상품이다. 호불호도 크게 갈린다. 우리나라 사람들이 가장 많이 보유하고 있는 금융상품도 보험이다. 복잡하고 약간 꺼려지면서도 많이 가지고 있는, 팔색조 같은 보험은 왜 이렇게 어려울까? 그 이유는 다음과 같다.

첫째, 불편한 상황을 전제로 가입 여부를 결정하기 때문이다. 보험은 예금이나 투자상품처럼 수익을 목적으로 가입하지 않는다. (보험 중에도 수익을 목적으로 하는 저축성보험이 있지만, 여기서는 손실 보상을 목적으로 하는 보장성보험을 중심으로 이야기한다)

'내가 ○○년 이내에 사망할 확률은 얼마나 될가?' '내가 암에 걸린다면 무슨 일이 생길까?' 등과 같이 불편하지만 무시할 수 없는 질문과 마주하게 될 때가 있다. 이때 "나에게는 그런 일이 절대 일어나지 않는다"라고 장담할 수 있는 사람이 몇이나 될까. 설령 그렇게 말한다고 해서 발생 확률이 0%가 되는 것도 아니다.

보험은 불확실한 확률 속의 손실 보상을 목적으로 가입한다. 아무 일도 안 생기면 보험료는 그냥 사라지는 돈이 된다. 그렇다고 보험 사고가 터져서 보험금을 받는 게 행복한 것이냐고 하면 선뜻 동의하기 어렵다. 그래서인지 보험료는 할 수만 있다면 쓰고 싶지 않은 비용 중 으뜸으로 꼽힌다.

둘째, 가입 기간이 대체로 길다는 것도 선택을 어렵게 만든다. 기간이 길다는 것은 변수가 많다는 뜻으로, 그만큼 예측하기 힘들다. 동시에 소비자 입장에서 지불해야 할 비용은 매우 크다. 매월 보험료가 10만 원인 보험을 20년간 낸다면 2,400만 원짜리 계약을 하는 셈이다. 중간에 해지하면 돌려받는 금액이 적어서 손해 보는 느낌이 든다.

셋째, 생소하고 복잡한 보험용어는 이해를 포기하게 만든다. 보험 설계사의 설명을 들으면 이해가 되는 것 같다가도 돌아서면 헷갈린다. 약관을 읽어봐도 도무지 무슨 뜻인지 이해하기 어렵다. 수많은 특약을 하나하나 이해하고 가입하는 경우는 거의 없다. 알아서 잘 설계해줬을 것이라 믿고 가입한다. 남들이 하는 대로 비슷하게 해달라고 요청하기도 한다. 그래서 분쟁이 많다. 금융감독원에 금융소비자들이 제기하는 민원 중에 가장 많은 것도 보험이다. 은행이나 증권사, 자산운용사에서 가입하는 금융상품보다 보험상품 건수가 훨씬 많은 것에도 영향이 있겠지만, 보험상품에 대한 이해와 기대가 달라서 생기는 민원과 분쟁도 상당하다.

금융에서 신뢰는 최고의 가치다. 먼저 금융업계가 금융소비자들로부터 신뢰를 얻을 수 있도록 노력해야 하는 것은 두말할 필요도 없다. 그러나 모든 금융상품 가입의 최종적인 책임은 가입자 본인에게 있다는 사실도 반드시 기억해야 한다.

가장 많이 가지고 있는 금융상품

한국의 생명보험 가구 가입률은 한때 90%에 육박하다가 최근 많이 낮아져 81% 수준이다(2021년 생명보험협회 통계). 손해보험까지 합하면 보험을 가입하지 않은 집은 거의 없다고 봐도 될 정도다. 보험을 극도로 싫어하거나 가입 자체가 안 되는 사람을 제외하고 대부분 보험을 하나 이상 가지고 있는 셈이다. 제2의 국민건강보험이라고 불리는 실손의료보험의 가입자 수는 약 4,000만 명이다. 단일 금융상품 중에 이렇게 많은 가입자를 보유한 것은 없다.

보험은 권유로 가입하는 경우가 훨씬 많다. 금융소비자가 자발적으로 가입하는 비율이 다른 금융상품에 비해 낮다. 잠재적 위험에 대해 생각하기 꺼리는 사람들의 태도 때문이다. 죽음, 사고, 질병은 불편한 주제다. 일상에서 자주 접하는 일도 아니다. 그런 일이 주변에서 생기면 보험의 필요성을 생각하다가도 시간이 지나면 곧 잊어버린다.

잠재적 위험에 대한 보험업 종사자와 일반인의 시각 차이도 크다. 보험사와 보험설계사는 보험상품을 판매하며 관련 정보나 통계를 더 많이 접한다. 보험금을 지급하는 경험을 통해 보험의 필요성을 더 크게 인식한다. 더 많이 알고 겪어봤기 때문에 그만큼 위험에 대한 경각심이 크다고 할 수 있다. 그에 비해 일반인은 잠재적 위험에 대한 인식 자체가 없거나 낮다. 이렇다 보니 가뜩이나 복잡하고 어려운 보험에 대한 정보의 불균형, 인식의 불균형이 생긴다.

판매자의 말만 믿고 가입했다가 해지하기를 반복한다. 잠재적 위험에 대한 대비를 과도하게 하거나 거의 무방비로 지내는 모습을 종종 볼 수 있다. 보험을 제대로 알고 활용하는 지혜가 필요하다.

보험이 꼭 필요할 때

보험의 기원에 대해서는 여러 학설이 있다. 기원전 1750년 함무라비 법전에도 보험과 비슷한 개념이 있고, 해상무역에서 풍랑, 난파, 해적 등의 피해로부터 선원과 투자자를 보호하기 위해 생겼다는 설 등이 있다.

또 하나의 유력한 설은 교회와 관련이 있다. 스코틀랜드의 장로교 목사인 알렉산더 웹스터와 로버트 월라스는 사망한 목사의 배우자, 자녀들이 절대 빈곤 상태로 전락하는 것을 보고 해결 방법을 고심했다. 이들은 1744년 생명보험 기금을 만들고 목사들에게 수입의 일부를 기금에 적립하도록 했다. 만일 어느 목사가 사망하면 그의 가족들이 기금의 수익에서 배당을 받아 생계를 이어갈 수 있게 만들었다.

기금 운용의 핵심은 '확률'과 '통계'였다. 매년 얼마나 많은 목사가 사망할 것인지, 남겨진 가족은 얼마나 되며 배우자는 남편보다 얼마나 오래 살 것인지 예측할 수 있어야 했다. 웹스터와 월라스는 에든

확률과 손실 비용의 관계

A 높은 확률 적은 손실비용	**B** 높은 확률 높은 손실비용
C 낮은 확률 적은 손실비용	**D** 낮은 확률 높은 손실비용

버러대학교의 수학 교수인 콜리 매클로린의 도움을 받아 기금에 가입한 목사들이 내야 할 금액(보험료)과 가족들이 받을 금액(보험금)을 산출할 수 있었다.

오늘날의 보험도 크게 다르지 않다. 보험사는 수많은 데이터를 기반으로 보험상품을 만들고 보험료와 보험금을 결정한다. 보험 가입자는 스스로 감당할 수 없는 잠재적 위험의 경제적 손실을 보험사에게 전가한다. 즉 발생 확률은 낮지만, 발생할 경우 치르게 될 비용이 부담할 수 없을 만큼 큰 위험, 이것이 보험의 대상이어야 한다.

어떤 사고가 발생할 확률과 손실 비용과의 관계를 조합하면 네 가지 경우가 있다. 손실비용이 크지 않은 부분(A와 C 영역)은 위험을 보유하거나 조심하면서 위험을 관리하는 편이 합리적이다. 가벼운 감기 등으로 병원을 자주 가더라도 비용이 크지 않다. 보험이 없어도 크게 문제 될 것이 없다. 이런 위험까지 대비할 목적으로 보험에 가입할 필요는 없다.

하지만 D 영역은 어떤가? 발생 확률은 낮지만 만약 발생할 경우 우리에게 상당한 충격을 줄 수 있다. 조기 사망, 중대한 질병과 장애, 화재나 배상책임 등이 대표적이다. 따라서 이런 부분을 보험으로 대비하는 것은 합리적이다.

끝으로 B 영역은 어떨까? 발생 빈도도 높고, 손실 규모도 큰 경우다. 굳이 예를 들자면 전쟁이 한창 진행 중인 곳에서 사망하거나 다치는 경우일 것이다. 이런 경우는 보험상품이 만들어지기 어렵다. 만들어진다 해도 보험료가 엄청나게 비싸서 아무도 가입하지 않을 것이다. 실제로 대부분의 보험은 전쟁이나 천재지변으로 인한 사고를 보상하지 않는다.

보험 가입을 고려하거나, 가입한 보험의 유지를 고민할 때 맨 먼저 할 일은 앞에서 언급한 네 가지 경우 중 어디에 해당하는지 따져보는 것이다. 물론 통계로 알 수 있는 확률과 나에게 발생할 확률은 똑같지 않다. 2019년도 암 유병률 통계를 보면 우리나라 전체 인구의 4.2%가 암 유병자다(참고로 65세 이상은 12.9%). 암 유병률 4.2%라는 확률은 사람에 따라 생각보다 낮거나 높다고 여겨질 것이다. 만약 그 확률이 자신에게 발생했을 때 부담해야 할 의료비와 소득을 충당할 여력이 있는가를 따져보아야 한다. 보유한 자산으로 충분히 대처할 수 있다면 보험이 필요치 않을 수 있다. 한편 충당할 여력은 없지만 당장 부담해야 할 보험료가 지나치게 많다면 현재의 삶이 너무 쪼들리는 문제가 있다. 결국 부담할 수 있는 보험료의 적정 수준은 얼마인가의 문제와 대비해야 할 위험들의 우선순위 문제로 넘어간다.

바람직한 보험 가입 순서

현재 판매 중인 보장성보험 중에는 '실손의료보험'이 질병과 상해를 가장 포괄적으로 보장하는 보험이다. 만약 보험이 없다면 맨 먼저 가입을 고려해야 할 것이다. 갱신될 때마다 보험료 증가의 부담은 있지만, 가성비를 따져볼 때 고령자를 제외한 대부분의 연령대에서 효과가 크다.

그다음으로 가입을 고려할 부분은 실손의료보험으로 충분히 커버하지 못하는 의료비, 간병비, 생활비 등을 보장하는 보험이다. 장기간에 걸쳐 고비용 치료를 요하는 질병이나 상해를 입는다면 의료비 부담과 함께 소득 중단의 위험이 크다. 중대한 질병 진단금 및 수술비, 후유장해진단금 등을 지급하는 보험으로 리스크를 대비할 수 있다.

가족의 생계를 책임져야 하는 경우라면 종신보험이나 정기보험으로 조기 사망 리스크를 대비할 수 있다. 주택의 화재나 배상책임이 발생할 경우 감당하기 어려운 비용이 발생할 수 있다. 아파트 관리비에서 화재보험료를 부담하고 있더라도 그 보상 범위와 금액이 적정한지 확인할 필요가 있다. 간혹 최소한의 화재 보상만 되어 있어 사고 발생 후 난처한 일이 생길 수 있기 때문이다.

끝으로 만기환급금에 집착하지 말고 보장성보험은 소멸성으로 가입하는 것을 추천한다. 그래야 매월 보험료 부담이 적다. 보험은 가입하면 중도해지 하지 말고 계속 유지해야 가입자에게 유리한 경우가 많다. 그만큼 신중하고 꼼꼼하게 살피는 노력이 필요한 금융상품이 바로 보험이다.

7

부채 리스크 관리법

"빚도 자산이다."

당연하다고 고개를 끄덕일 사람도 있고, 빚은 없을수록 좋다고 생각하는 사람도 있을 것이다. 양쪽 모두 일리가 있다. 부채를 이용하면 더 많은 기회를 얻을 수 있다고 보느냐, 부채로 인한 비용과 위험을 크게 보느냐에 따라 입장이 달라진다. 부채는 리스크가 가진 기회와 위험을 단적으로 보여준다.

빚이란 무엇인가

기업회계에서는 '부채Liability'와 '채무Debt'를 구분하여 사용한다. 'liability'는 '책임, 의무'라는 뜻인데, 기업회계에서 부채는 대출금은 물론이고 임직원 급여, 퇴직금처럼 회사가 이행해야 할 재정적 의무까지 포함한다. 그에 비해 채무는 부채보다 더 좁은 개념이다.

채무는 직접 갚아야 하는 빚이다. 대출금, 할부금이 채무의 대표적인 예다.

엄격한 기업회계 기준을 개인 재정에 반드시 적용할 필요는 없다. 다만 리스크 관리 측면에서는 포괄적인 개념인 부채를 주로 사용하는 것이 좀 더 적합해 보인다. 개인의 돈 관리는 대출금 상환 이외에도 책임과 의무를 차질 없이 이행하는 것이 중요하기 때문이다. 우리말인 '빚'도 '부채'와 같은 의미로 쓰기로 한다.

좋은 빚 vs 나쁜 빚

빚에는 흔히 좋은 빚과 나쁜 빚이 있다고 말한다. 그렇다면 좋은 빚과 나쁜 빚을 구분할 수 있을까? 프리즘을 통과한 빛처럼 빚에는 다양한 형태와 스토리가 있다. 무지개의 빨간색과 주황색의 경계는 모호하지만 빨간색과 보라색은 확연한 차이가 있다. 금리가 낮으면 좋은 대출이고, 높으면 나쁜 대출일까? 금리는 부채를 따질 때 매우 중요한 요소지만, 그보다 근본적인 차원에서 좋은 부채와 나쁜 부채를 가르는 요소를 생각해 보자.

첫째, 자산을 사기 위해 일으킨 부채는 좋은 부채일 가능성이 높다. 내 집 마련을 위해 받은 주택담보대출은 대체로 좋은 부채다. 실거주 목적과 자산가치 상승에 기여하는 부채이기 때문이다. 수요가 뒷받침되는 지역의 주택은 장기적으로 상승할 것이라는 기대가 있다. 집값이 올랐다고 금방 집을 팔지 않고, 떨어져도 그냥 그 집에 산다. 거래 비용이 크고 주거의 안정성이 중요하기 때문이다.

그러나 똑같은 자산이라도 주식 투자를 위해 받은 신용대출은 나쁜 부채에 가깝다. 주식 투자에 쓰인 신용대출은 기본적으로 만기가 짧고 금리가 높다. 운 좋게 수익을 내면 자기 자본만으로 투자할 때보다 훨씬 높은 수익을 거둘 수 있지만, 단기간에 수익을 내지 못하면 고스란히 손실로 이어진다. 마음을 조급하게 만드는 대출은 좋은 결과를 만나기 어렵다.

자동차 할부금은 어떨까? 자동차도 엄연히 사용자산 중 하나니까 괜찮다고 생각하겠지만 그렇지 않다. 이유는 간단하다. 자동차는 사는 순간부터 가격이 떨어진다. 자동차 구입 자체가 잘못된 것은 아니지만 자산관리 측면에서 자동차는 매년 가치가 줄어드는 자산이다.

둘째, 미래 수입 창출을 위한 부채는 좋은 부채일 가능성이 있다. 학자금 대출, 자기계발을 위한 대출이 여기에 해당된다. 생산의 3요소인 토지, 노동, 자본을 기억할 것이다. 물려받은 자산이 없는 사람에게는 자신의 노동력이 자산을 만들어 낼 수 있는 유일한 수단이다. 그렇다면 시장에서 내 노동의 가치를 높일 수 있는 방법이 있다면 과감히 투자하는 것이 전략적으로 옳은 선택이다. 당연히 리스크가 따른다. 기대에 미치지 못할 수도 있다. 따라서 신중해야 한다.

셋째, 소비를 위한 부채는 나쁜 부채일 가능성이 높다. 신용카드 사용액도 엄밀한 의미에서 보면 소비를 위한 부채다. 현재 보유한 현금으로 소비하는 것이 아니기 때문이다. 그러나 다음 달 결제일에 모두 상환할 수 있는 수준의 소비는 여기서 말하는 것에서 제외된다.

문제가 되는 것은 다음 달 결제일에 모두 상환할 수 없는 카드 사용액이다. 간단히 말하면 '일시불'이 아닌 카드 사용액은 나쁜 부채라고 봐도 된다. '무이자 할부'의 효과를 무시하는 것이냐고 할 사람도 있을 것이다. 수학적으로는 무이자 할부를 사용하는 것이 유리할 때도 있다. 그러나 솔직히 말해 보자. 왜 할부 결제를 하는가? 카드 대금을 감당할 수 없기 때문이다.

더군다나 이렇게 구입한 소비지출은 자산가치가 제로다. 고급 레스토랑에서 비싼 음식을 먹었다. 그 자체로는 의미가 있겠지만 자산에는 아무런 도움이 되지 않는다. 여기에 대출까지 곁들여서 해야 하는 소비지출이라면 하지 말아야 할 지출이고, 받지 말아야 할 대출이다.

넷째, 일상생활에 지장을 주는 부채는 나쁜 부채다. 이 기준은 부채를 일으킨 목적보다는 현재에 초점을 맞춘 것이다. 부채는 지불해야 한다는 책임과 의무가 있다. 즉 책임과 의무를 이행하는 데 있어서 무리가 없어야 한다.

미래에 가치가 오를 것 같은 자산을 취득하거나 미래 수입 창출을 위한 투자 목적으로 일으키는 부채라 하더라도 그 정도에 따라 나쁜 부채가 되는 경우가 있다. 부채는 생기는 순간부터 이자와 원금 상환의 책임이 따른다. 부채가 생기기 전에는 없던 부담이 현금흐름에 추가된다.

대출은 받는 것도 능력이지만 갚는 게 진짜 실력이다. 허리띠를 졸라매는 것도 한계가 있다. '영끌 대출'로 집을 사는 것까지는 성공했다 하더라도 그 후의 삶을 따져봐야 한다. 대출이자 내느라 일상의 소소한 행복을 모조리 포기해야 한다면 괜찮을까? 금리가 오른다면 감당할 수 있을까? 언제까지 버틸 수 있을까? 정작 소중한 것들을 놓치는 것은 아닐지 깊이 생각해볼 일이다.

부채 리스크를 관리하는 시뮬레이션

대출 금액, 상환 기간, 상환 방법, 금리 조건, 매월 상환액, 중도상환 수수료 유무 등과 같은 대출 조건을 꼼꼼히 따져보는 것이 부채 리스크 관리의 첫 번째 단계다. 대출 조건이 달라질 가능성은 어느 정도인지 가늠해 봐야 한다.

고정금리 대출과 변동금리 대출은 전혀 다른 대출이라고 봐도 무방하다. 일반적인 경우는 고정금리 대출보다 변동금리 대출 이자율이 낮다. 당장 부담해야 하는 이자를 생각하면 변동금리 대출이 유리하다. 그러나 앞으로 금리가 오른다면 어떨까? 반대로 내려간다면? 계산이 복잡해진다. 정확한 금리 예측은 경제 전문가들도 맞추기 어렵다.

어떤 리스크를 부담할 것인가에 따라 선택이 달라진다. 장래 금리 상승 리스크를 지기 싫다면 이자율이 다소 높더라도 고정금리 대출을 선택하는 것이 적절하다. 지금 은행이 제시한 금리 정도면 충분히 감당할 수 있고, 금리 변동 리스크를 완전히 차단해서 스트레스를 줄이는 편이 낫다면 고정금리 대출을 선택하자.

한편 고정금리 대출로는 대출이자 부담이 크거나, 향후 금리가 낮아질 것으로 예상될 때는 변동금리 대출이 적절하다. 다만 예상과 달리 금리가 오르면 부담이 가중된다는 사실을 기억해야 한다. 만약 대출금리가 연 3%에서 연 4%로 올랐다면 금리는 1%p 올랐지만 대출이자는 33% 늘어난다. 매월 대출이자로 100만 원을 내다가 133만 원을 내야 하는 것이다. 변동금리 대출은 현재 낮은 대출이자 부담이라는 장점을 택하는 대신, 금리 변동 리스크에 노출되는 것을 허용하겠다는 선택이다.

현명한 부채 리스크 관리를 위해서는 돈을 빌리면 자신의 경제 상황이 어떻게 될지, 얼마만큼의 부채를 감당할 수 있는지 시뮬레이션을 해봐야 한다. 사회 초년생 시절은 소득이 낮고 지출도 많지 않을 가능성이 있다. 이때 주택담보대출과 같은 장기대출을 받는 것은 상당한 '모험'이 될 수 있다. 대출 상환이 전체 지출에서 차지하는 비중도 매우 높을 것이다.

그러나 시간이 지날수록 상황은 바뀐다. 소득이 오를 수도 있고, 결혼으로 맞벌이가 될 수도 있다. 지금은 없던 지출이 생기기도 한다. 처음 대출을 받는 입장에서는 무척 두려운 일이기 때문에 자신의 경제적 능력치를 면밀하게 따져볼 필요가 있다. 무턱대고 영끌을 하는 것은 문제지만, 자신의 재정적 능력을 과소평가하는 경우는 기회를 놓칠 수도 있으니 유의하자.

8

알아야 줄일 수 있는 세금 리스크

"이 세상에서 죽음과 세금만큼 확실한 것은 없다."

이 말은 미국의 과학자이자 정치가였던 벤저민 프랭클린의 말이다. 사회를 이루고 살아가는 우리들에게 세금이라는 것이 어떤 의미인지 단적으로 보여주는 말이라 생각한다.

세금은 돈 관리에서 무시할 수 없는 리스크다. 특히 소득과 자산이 많아질수록 그 영향은 더욱 커진다. 한 가지 분명히 해둘 것이 있다. 무턱대고 세금을 안 내려고 하는 자세는 바람직하지도 않고 역효과만 생긴다.

세금은 게임의 룰과 같다. 룰을 잘 알고 활용해야 좋은 성적을 거둘 수 있다. '소득이 있는 곳에 세금이 있다'라는 말은 보편적 진리에 가깝다. 그러나 소득에 대해 세금이 결정되기까지는 세법이라는 룰이 적용된다. 연봉이 똑같은 직장인이라도 연말정산 후에 확정되는 세금이 다른 이유는 세법의 적용 때문이다. 세금이 부과되는 원리와 구조를 이해하고 활용하는 사람과 그렇지 않은 사람 사이에는 차이가 생길 수밖에 없다.

문제는 세금이 단순하지 않다는 점이다. 세금 관련 문제를 해결하기 위해서는 세무사의 도움을 받아야 할 만큼 복잡한 경우가 의외로 많다. 그러나 대부분의 세금 리스크는 조금만 신경을 쓰고 알아두면 들인 노력에 비해 상당한 효과를 볼 수 있다.

어떤 세금을 내고 있는가

편의점에서 도시락을 하나 샀다면 그 순간 세금을 낸 것이다. 제품이나 서비스 가격에 포함된 '부가가치세'라는 세금이다. 부가가치세는 판매자가 결제된 금액과 함께 받아두었다가 국가에 납부한다. 이런 세금을 '간접세'라고 한다. 따라서 소득이 없는 사람이라도 부가가치세 같은 간접세를 내고 있다. 간접세를 줄이는 길은 소비를 줄이는 것이지만 그것은 세금 리스크의 핵심 사항이 아니다.

세법에서 개인에게 부과하는 세금은 종합소득세, 취득세, 재산세, 종합부동산세, 양도소득세, 퇴직소득세, 상속세, 증여세 등 상당히 다양하다. 월급을 받으면 소득세를 내고, 집이나 자동차를 사면 취득세를 내야 한다. 부동산을 보유하고 있는 동안에는 재산세가 부과되고, 부동산이나 금융자산을 팔아서 이익이 생기면 양도소득세를 따져봐야 한다. 퇴직금에도 세금이 붙고, 부모로부터 재산을 물려받으면 상속세나 증여세 부과 대상이 되기도 한다. 우리의 모든 경제

활동에 세금이 따라붙는다고 해도 과언이 아니다.

세금을 납부하기 전 소득(세전 소득)보다 세금을 납부하고 난 후의 소득(세후 소득)이 훨씬 중요하다. 재무계획을 세울 때도 세후 소득을 꼭 따져봐야 한다. 세금 리스크를 어떻게 대응하느냐에 따라 결과는 상당히 달라진다.

종합소득세 이해하기

직장인은 매년 연말정산을 하고, 개인사업자나 프리랜서는 종합소득세 신고를 한다. 연말정산과 종합소득세 신고는 국세청에서 편의상 일정을 구분한 것일 뿐 본질은 똑같다. 지난 1년간 개인이 벌어들인 소득에 대해 세금을 확정하고 납부하는 절차다.

종합소득세 신고 대상 소득은 총 여섯 가지다. 매년 1월 1일부터 12월 31일까지 발생한 이자소득, 배당소득, 사업소득, 근로소득, 연금소득, 기타소득을 합산해서 부과하는 세금이라는 뜻으로 '종합소득세'라고 한다.

다만, 이자소득과 배당소득을 합해서 연간 2,000만 원 이하일 때는 금융회사에서 15.4% 원천징수하고 종합소득에 합산하지 않는다. 양도소득과 퇴직소득은 종합소득에 합산되지 않고 별도로 납부하고 끝난다. 증여와 상속도 마찬가지다.

직장인도 매년 5월에 본인이 종합소득세 신고를 할 수 있다. 그러나 대부분의 직장인은 근로소득 이외에 다른 소득이 없기 때문에 연말정산으로 종합소득세 신고를 마친다. 만약 근로소득 이외에 사업

종합소득세 산출 과정

총소득	-	소득 공제	=	과세 표준	x	세율 6.6% ~ 49.5%	=	산출 세액	-	세액 공제	=	**결정 세액**

소득, 연금소득이 있거나 일정 금액 이상의 이자소득, 배당소득, 기타소득이 있으면 별도로 종합소득세 신고를 해야 한다.

절세의 핵심은 '공제'에 있다. 소득 전체에 세금을 부과하는 것이 아니라 세법에 정한 항목은 빼고 세금을 매기기 때문이다. 당연히 공제를 많이 받을수록 세금은 줄어든다.

종합소득세 산출 과정에서 '소득공제'와 '세액공제'가 납세자가 집중해야 할 부분이다. 세금을 적게 내려고 소득을 줄이는 사람은 거의 없을 것이다. 세율 역시 세법에 정해져 있기 때문에 우리가 조절할 수 있는 영역이 아니다. 결국 연말정산이나 종합소득세 신고할 때 소득공제와 세액공제를 얼마나 효과적으로 받느냐가 최종 납부할 세금(결정세액)과 직결된다.

총소득에서 소득공제를 뺀 금액이 과세표준이다. 말하자면 세금을 매길 대상이 되는 금액이라는 뜻이다. 줄여서 '과표'라고도 한다. 우리나라는 종합소득세에 누진세율 제도를 적용하고 있다. 과세표준이 높을수록 더 높은 세율을 적용한다.

종합소득세율(2022년 현재)

과세표준	소득세율	지방소득세율	합계세율
0 ~ 1,200만 원 이하	6%	0.6%	6.6%
1,200만 원 초과 ~ 4,600만 원	15%	1.5%	16.5%
4,600만 원 초과 ~ 8,800만 원	24%	2.4%	26.4%
8,800만 원 초과 ~ 1억 5,000만 원	35%	3.5%	38.5%
1억 5,000만 원 초과 ~ 3억 원	38%	3.8%	41.8%
3억 원 초과 ~ 5억 원	40%	4.0%	44.0%
5억 원 초과 ~ 10억 원	42%	4.2%	46.2%
10억 원 초과	45%	4.5%	49.5%

소득세율은 과세표준에 따라 6%~45%를 각각 적용하고, 소득세의 1/10을 지방소득세로 함께 부과한다. 예를 들어 과세표준이 3,000만 원일 경우, 1,200만 원까지는 합계세율 6.6%를 적용하고, 1,200만 원 초과액인 1,800만 원은 16.5%를 적용하여 산출세액을 계산한다. 이는 과세표준 문턱 효과에 따라 세금 부담이 과도해지는 것을 막기 위함이다.

과세표준 3,000만 원의 산출세액
(1,200만 원 x 6.6%) + (1,800만 원 x 16.5%) = 376만 2,000원

산출세액에서 세액공제 및 세액감면을 빼주면 결정세액이 나오는데, 이것이 지난 1년간 종합소득에 대해 납부해야 할 최종 계산된 세

금이다. 직장인은 매월 월급을 받을 때마다 회사에서 원천징수했던 세금이 있다. 이 세금은 이미 납부한 세금이라는 뜻으로 '기납부세액'이라 한다. 연말정산 결과로 환급받거나 추가로 내는 세금은 '기납부세액'과 '결정세액'의 차액이 된다. 다시 말해서 기납부세액보다 결정세액이 적으면 그만큼 세금을 더 냈다는 뜻이므로 차액만큼 돌려받게 되고, 반대로 기납부세액보다 결정세액이 크면 차액만큼 더 내는 것이 연말정산의 결과인 셈이다.

개인사업자나 프리랜서도 종합소득세를 산출하는 과정은 동일하나, 수입금액(매출액)과 업종에 따라 필요경비 적용 방식이 다르다. 또한 적용되는 소득공제와 세액공제의 내용이 직장인과 일부 다르다는 점을 유의하여야 한다.

종합소득세 절세법

연말정산이나 종합소득 신고에서 세금을 줄이려면 공제를 최대한 많이 받아야 한다. 그러나 대부분의 공제 항목은 비용으로 지출한 것들이다. 사회보험료, 주택 관련 대출이자, 카드 사용액, 보험료, 교육비, 의료비, 월세, 기부금 등 돈을 쓴 것 중 일부를 공제해준다. 지출한 금액 이상으로 절세되는 것은 없다. 100만 원을 쓰면 그만큼 자산으로 쌓이지 않고, 절세 효과는 100만 원 이하로 그친다.

그러나 자산으로 쌓이면서 절세도 되는 것이 세 가지 있다. 주택청약종합저축, 연금저축, IRP는 저축과 절세를 한꺼번에 잡을 수 있는 방법이다.

주택청약종합저축

주택청약종합저축(청약통장)에 매년 불입한 금액의 40%를 소득공제 받을 수 있다. 공제대상 한도액은 240만 원이므로 최대 96만 원(240만 원 x 40%)을 소득공제 해준다. 다만 네 가지 조건을 모두 충족한 경우에만 공제받을 수 있으므로 유의해야 한다.

주택청약종합저축 소득공제 조건
1. 근로소득자(직장인) 2. 무주택자 3. 세대주 4. 총소득 7,000만 원 이하

연금저축

연금상품은 연말정산 또는 종합소득세 신고 시 세액공제를 해주는 '연금저축'과 세액공제를 받을 수 없는 '연금보험'으로 크게 나뉜다. 손쉽게 구분하는 방법은 상품명에 '연금저축'이라는 단어가 있으면 세액공제 되는 연금이라고 보면 된다. 연금저축은 가입하는 금융회사에 따라 연금저축보험, 연금저축펀드, 연금저축신탁으로 나뉜다. 각기 운용하는 방식과 조건이 다를 뿐 세제 혜택은 동일하다.

연금저축은 IRP(개인형퇴직계좌)와 합산하여 연간 1,800만 원까지 불입할 수 있는데 그 중 연금저축 불입액은 400만 원을 한도로 13.2%(지방소득세 포함) 또는 16.5%를 세액공제 받을 수 있다. 100만 원을 불입하면 13만 2,000원 또는 16만 5,000원의 세금을 아낄

연금저축 절세 효과 (현행)

총급여 (종합소득금액)	세액공제율 (지방세 포함)	세액공제 적용 한도	최대 세액공제액
5,500만 원 이하 (4,000만 원)	16.5%	연 400만 원	66만 원
1억 2,000만 원 이하 (1억 원)	13.2%		52만 8,000원
1억 2,000만 원 초과 (1억 원 초과)		연 300만 원	39만 6,000원

연금저축 절세 효과 (2022년 세제개편안)

총급여 (종합소득금액)	세액공제율 (지방세 포함)	세액공제 적용 한도	최대 세액공제액
5,500만 원 이하 (4,500만 원 이하)	16.5%	연 600만 원	99만 원
5,500만 원 초과 (4,500만 원 초과)	13.2%		79만 2,000원

수 있는 것이다. 총급여 5,500만 원 이하인 근로자 또는 종합소득금액 4,000만 원 이하인 사람은 16.5%, 그 이상은 13.2%를 세액공제 받는다. 즉 소득이 적은 사람에게 더 많은 절세 혜택을 주는 것이다.

다만 몇 가지 제약조건이 있다. 절세 혜택을 받는 대신 만 55세 이후에 10년 이상 연금으로 수령해야 한다. 중도 해지하거나 일시금으로 수령할 경우에는 '세액공제 받은 원금+운용수익' 총액에 대하여 16.5%를 기타소득세로 과세한다. 따라서 당장의 절세 혜택만 생각한 나머지 목돈을 넣었다가 돈이 묶이는 일이 없도록 유의하여야 한다. 또한, 연금 수령시 세액공제 받은 연금 수령액의 3.3~5.5%가 연금소득세로 부과되는 것도 알아야 한다.

IRP (개인형퇴직계좌)

IRP Individual Retirement Pension는 퇴직연금의 일종이다. 원래는 회사가 주는 퇴직금을 받아 연금으로 꺼내 쓰기 위한 계좌인데 회사가 주는 퇴직금 이외에 본인이 추가로 불입할 수도 있다. 퇴직금이 없는 개인사업자, 프리랜서도 가입할 수 있다.

세제 혜택 및 제약조건은 연금저축과 동일하나, IRP까지 합산하면 세액공제 대상 한도액이 700만 원으로 늘어난다. 즉 '연금저축 400만 원+IRP 300만 원=700만 원'이 세액공제 대상이 된다. IRP 단독으로도 700만 원까지 세액공제 대상이 될 수 있다. 그러나 자산운용의 다양성을 고려할 때, 세액공제를 IRP로만 채우기보다는 연금저축과 함께 가져가는 편이 유리할 것이다.

2022년 세제개편안(2022.7.21. 발표)
연금계좌의 세액공제 대상 납입한도가 900만 원으로 확대 IRP 단독 900만 원 or IRP 300만 원 + 연금저축 600만 원

비과세 또는 저율과세 금융상품 활용하기

금융자산에서 이자나 배당을 받으면 15.4%를 세금으로 낸다. 이자와 배당소득이 연간 2,000만 원을 원을 초과하면 종합소득에 합산하여 과세한다. 15.4%보다 더 많은 세금을 낼 가능성이 있다.

그러나 저축성보험은 일정한 조건을 갖출 경우 이자소득세, 배당소득세로부터 자유롭다. 일반적인 연금보험은 연말정산 시 세액공제 혜택을 받지 못하지만 연금을 탈 때는 과세되지 않는다. 세금 부담이 큰 고소득자나 자산가들에게는 매력적인 요소가 있다.

ISA Individual Savings Account(개인종합자산관리계좌)의 수익 중 200만 원 또는 400만 원까지는 비과세 혜택을 준다. ISA 비과세 한도를 초과하는 수익에 대해서는 9.9% 저율과세 된다. 65세 이상 노인이나 장애인을 대상으로 하는 비과세 종합저축(5,000만 원 한도), 상호금융조합 출자금(1,000만 원 한도)의 배당금은 비과세다. 다만 비과세 혜택이 의미가 있으려면 수익이 충분해야 한다. 수익이 발생하지 않거나 세금을 따지는 것이 미미한 수준이라면 비과세는 그다지 의미가 없다.

세금은 늦게 낼수록 유리하다

세금은 늦게 낼수록 좋다. 물론 납부가 정해진 세금은 기한 내에 내야 한다. 그렇지 않으면 가산세를 물게 되어 손해가 크다. 그러나 수익이 생겼을 때 즉각 즉각 납부하지 않아도 되는 경우가 있다. 세법에서 나중에 내도 된다고 허용해 주는 것이다. 이것을 '과세이연'이라고 한다. 수익금에서 세금이 그때그때 빠져나가지 않는다면 그만큼 복리 효과는 더 커진다. 이자에 이자가 붙는 복리 효과를 제대로 보려면 이자에서 세금이 늦게 빠져나갈수록 유리하다.

연금저축과 IRP는 대표적인 과세이연 금융상품이다. 연금으로 꺼낼 때까지 세금 부과를 미뤄준다. 그만큼 연금이 불어날 기회를 더 얻을 수 있는 것이다. 금융상품을 살펴볼 때는 과세가 어떻게 되는지, 세율과 함께 시기를 검토해야 세금 리스크를 줄일 수 있다.

9

무시하면 큰코다치는 개인신용 관리

인간관계에서 "그 사람 믿을 만해", "무슨 일이 있어도 약속은 지키는 사람이야"라는 평가를 받는 사람들이 있다. 첫인상만 보고 이런 평가를 내리지는 않는다. 오랜 시간, 여러 가지 일을 겪고 나서 하는 판단이다. 물론 동일한 인물을 두고 각기 다른 평가를 할 수도 있다. 그러나 특정 영역으로 범위를 좁히거나 여러 사람의 평판을 종합하면 어느 정도 일치하는 부분이 있다.

살다 보면 은행, 보험사, 증권사 등 금융회사에서 돈을 빌려야 할 때가 있다. 이때 금융회사가 하는 핵심 질문은 이것이다.

"이 사람이 돈을 잘 갚을 확률은 얼마인가?"

그렇다고 직접 대출 신청자에게 이런 질문을 하지는 않는다. 질문을 하더라도 돌아오는 대답은 똑같지 않을까? 원금과 이자를 정해진 기한 내에 꼭 갚겠다고 말할 것이 분명하다.

금융회사는 개인의 '신용점수'를 가지고 대출 여부, 대출금, 금리 등의 조건을 결정한다. 신용 점수가 높을수록 좋은 조건으로 돈을 빌릴 수 있다. 더 많은 금액을 더 낮은 금리로 대출받을 수 있는 것이다. 반대로 신용 점수가 낮을수록 대출을 못 받을 확률이 높아지고, 대출 가능 금액은 낮아지며, 더 높은 금리를 부담해야 한다.

백화점에서 똑같은 가방을 옆 사람에게는 100만 원을 받고 나한테는 110만 원을 내라고 한다면 어떨까? 강력하게 항의할 것이다. 한국소비자원에 민원을 넣거나 SNS에 불매운동을 벌일 수도 있다. 그러나 똑같은 돈을 빌리면서 대출이자가 다른 것에는 문제 삼지 않는다. '신용'에 대한 개념과 이유를 받아들이고 있기 때문이다.

신용평가사의 평가 기준

개인의 신용평가는 주로 신용평가회사(CB: Credit Bureau)에서 한다. 신용평가회사는 은행, 카드사, 보험사, 캐피탈, 저축은행은 물론이고, 백화점, 통신사, 전기/가스회사, 공공기관으로부터 신용거래내역, 신용정보를 수집한 후 자체 평가 모델에 따라 신용점수를 산출한다. 이렇게 산출된 정보(CB신용정보)는 다시 신용정보이용자(금융회사 등)에게 제공하여 대출 등에 활용된다.

예를 들어 A은행에 대출을 받으러 온 개인고객이 있다면 A은행은 신용평가회사를 통해 개인고객의 타사 대출정보, 카드 거래실적 등을 참조할 수 있다. 이 과정에서 다른 금융회사와의 거래에서 대출한도를 채웠거나 연체 등의 기록을 발견하면 A은행은 대출 신청을 거부할 수도 있다. 지금 이 시간에도 개개인에 대한 CB신용정보가 쌓이고 있다. 앞으로 이런 흐름은 더욱 가속화될 것이다. 평소에 신용을 제대로 관리하지 않아도 당장 커다란 불편은 없을 것이다. 그러나 뒤늦게 치르게 될 대가는 상당하다.

대표적인 신용평가회사로는 나이스평가정보, 서울신용평가정보, 코리아크레딧뷰 세 곳이 있는데 평가 모델은 조금씩 다르다. 평가 요소별 반영 비중이 다르므로 동일인에 대한 신용점수가 다르게 나올 수 있다.

무료 신용조회 활용하기

신용평가회사가 평가하는 점수를 금융회사만 이용할 수 있는 것은 아니다. 본인이 자신의 신용점수를 조회할 수 있다. 신용조회를 많이 하면 신용에 나쁜 영향을 주지 않을까 걱정하는 이들이 있지만, 본인이 자신의 신용조회를 하는 것은 아무 영향이 없으므로 안심하고 해도 된다. 평소에 자기 신용점수를 알아두고 적극적으로 점수를 높이는 노력을 하는 것이 신용 리스크를 미리미리 대비하는 지름길이다.

신용점수는 0~1,000점으로 매겨진다. 점수가 높을수록 신용도가 좋은 것이다. 과거에는 점수 구간별로 10개의 등급으로 나누어 '신용등급'을 사용했으나, 현재는 점수 자체로 사용하는 '신용점수제'를 쓰고 있다.

나이스평가정보(나이스지키미), 코리아크레딧뷰로(올크레딧) 홈페이

CB사별 주요 평가요소 반영 비중

평가요소	반영 비중		
	나이스평가정보	서울신용평가정보	코리아크레딧뷰로
상환이력정보	40%	35%	28%
현재부채수준	23%	30%	28%
신용거래기간	11%	11%	14%
신용형태정보	26%	24%	32%

출처 : 금융감독원

지나 모바일 앱에서 '무료 신용조회' 메뉴를 통하면 연간 3회(1~4월, 5~8월, 9~12월)까지는 무료로 본인의 신용점수를 확인할 수 있다. 최근에는 핀테크 기업이나 금융회사에서도 고객 서비스의 일환으로 신용점수를 정기적으로 제공하는 곳이 있다.

개인신용 리스크 관리법

인간관계에서 신용을 쌓기는 어렵지만 무너지는 것은 한순간이다. 돈에 관한 신용도 마찬가지다. 신용점수를 올리기는 힘들지만 떨어지는 건 쉽다.

신용 관리에 있어서 데이터가 전혀 없는 것보다는 데이터가 있어야 유리하다. 대출이 전혀 없는 것보다는 적정 대출을 꾸준하게 상환하는 편이 낫다. 신용카드도 없는 것보다는 사용 기록이 있어야 신용 면에서는 평가할 근거가 있기 때문에 유리하다.

반드시 피해야 할 기록이 있다. '연체'는 소액이라도 절대 금물이다. 대출금뿐만 아니라 카드 대금, 통신요금, 공과금 등도 연체하면 안 된다. 일반적으로 결제일로부터 5영업일을 넘기면 연체로 간주하기 때문에 소액이라도 연체되지 않도록 주의해야 한다. 만약 연체가 생겼다면 최대한 빠른 시일 내에 갚아야 하며, 다수의 연체 건이 있는 경우는 오래된 것부터 상환하는 것이 올바른 순서다.

개인신용관리 10계명

1. 인터넷, 전화 등을 통한 대출은 신중하게 결정하세요
2. 건전한 신용거래 이력을 꾸준히 쌓아가세요
3. 갚을 능력을 고려하여 적정한 채무 규모를 설정하세요
4. 주거래 금융회사를 정하여 이용하세요
5. 타인을 위한 대출 보증은 가급적 피하세요
6. 주기적인 결제 대금은 자동이체를 이용하세요
7. 연락처가 변경되면 반드시 금융회사에 통보하세요
8. 연체는 소액이라도 절대로 하지 마세요
9. 연체 상환 시에는 오래된 것부터 상환하세요
10. 본인의 신용정보 현황을 자주 확인하세요

출처 : 금융감독원

5장

자동 부자 시스템 5단계

투자에 성공하는 구조를 이해하라

1

경제적 자유는 투자로 완성한다

투자의 필요성에 대해서는 대체로 동의하면서도 투자의 세계로 들어설 때 문턱처럼 걸리는 두 가지가 있다. '투자할 돈이 없다'와 '투자는 너무 어렵다'이다.

투자는 저축에서 시작한다

투자할 돈이 없다는 분들께는 죄송하지만 종잣돈을 모으는 게 먼저다. 대출받아서 투자하면 안 되냐는 질문에는 단연코 안 된다는 답변을 드린다. 투자 경험이 쌓이고 규모가 커지면 대출을 활용할 수도 있다. 그러나 자기 자본 없이 남의 돈(대출)으로 투자를 시작하겠다는 계획에는 동의하기 어렵다.

종잣돈 마련의 기본은 저축이다. 저축해서 언제 부자 되겠느냐는 빈정거림이 귓전을 때린다. 그렇다. 저축만 해서 부자 되기는 어렵다. 그러나 저축을 건너뛰고 곧장 투자로 뛰어들어서 살아남기는 더 어렵다. 준비 운동 없이 물에 뛰어드는 행위와 다를 바 없기 때문이다. 자유롭고 안전하게 헤엄치기 위해서는 충분한 준비와 연습이 필요하다.

'주식 투자는 여유자금으로 해야 한다'라는 말이 있다. 하지만 현실 세계에서 여유자금은 거의 생기지 않는다. 성과금을 받거나 적금 만기가 되면 이상하게 돈 쓸 일이 생긴다. 마치 그때를 기다리고 있었다는 듯이 가전제품이나 가구가 낡아 보이고, 차를 바꾸고 싶고, 전세금을 올려줘야 할 때가 된다. 따라서 여유자금이 생기면 투자하겠다는 생각은 아예 하지 않는 게 낫다. 여유자금조차도 의도적으로 모아야 투자를 시작할 수 있는 사람이 대부분이다. 이때 의도적으로 모으는 방법은 저축이 유일하다.

투자할 돈, 이른바 종잣돈의 규모는 매우 주관적이다. 소득, 재무상태, 투자 목적 등에 따라 다를 수밖에 없다. 예를 들어 1,000만 원이면 누구에게는 그럭저럭 괜찮은 종잣돈이지만, 누구에게는 좀 더 쌓아야 할 단계일 수 있다. 다만 지나치게 큰 금액을 설정해서 시작도 못 하는 일은 없었으면 좋겠다.

노후자금은 적립식 투자로 시작한다

투자 목적 측면에서 종잣돈 없이 시작할 수 있는 것은 노후자금이다. 연금펀드나 연금보험에 매월 꾸준하게 적립하는 방식은 종잣돈을 마련하지 않아도 괜찮다. 노후자금은 적립식 투자와 잘 어울리는

데, 그 이유로 두 가지를 들 수 있다.

첫째, 투자 기간이 무척 길다. 투자 기간이 길어질수록 손실 가능성은 줄어드는데 노후자금은 장기 투자를 유도하는 구조다. 따라서 적립식 투자 과정에서 일시적으로 손실이 발생하더라도 연금 인출 시기까지 버틸 수 있는 힘을 준다.

둘째, 연금상품의 구조와 세제 혜택이 적립식 투자에 적합하도록 설계되어 있다. 매년 연금계좌에 불입한 금액에 대해 세액공제 혜택을 부여하고, 발생한 수익에 대해 과세를 미뤄줌으로써 상당한 절세 효과를 거둘 수 있다. 연금보험도 10년 이상 유지해야 비과세 혜택을 받을 수 있다.

투자는 원래 어렵다

투자는 원래 어려운 것이다. 공식과 정답이 있는 수학도 어려운데 온통 불확실한 투자가 쉽다면 그게 더 이상하지 않은가. 흔히 '위험' 또는 '불확실성'으로 번역해서 사용하는 단어인 '리스크risk'는 '뱃심 있게 도전하다to dare'라는 의미의 초기 이탈리아어 risicare에서 유래했다. 확실하고 분명하고 안전한 것에 임하는 것은 굳이 용기라는 표현을 쓰지 않아도 된다. 은행 예금을 할 때 용기를 낸다면 뭔가 어색하지 않나. 투자란 불확실한 가운데 나름대로의 원칙, 기준, 분석, 전망 등에 기초하여 용기를 내는 행위다.

용기를 내서 실행한 투자가 반드시 만족할 만한 결과로 돌아오는가 하면 그렇지도 않다. 전혀 예상치 못한 변수가 발생하는 일은 너무나도 흔하다. 2020년이 시작될 때까지도 코로나19가 투자 시장에 그렇게 큰 영향을 끼치리라 예상한 전문가는 별로 없었다. 그러나 2020년 상반기에 코로나19는 전 세계 투자 시장을 요동치게 했다. 이때 패닉에 빠져 투자금을 날린 이들이 부지기수다.

어려운 투자를 더 어렵게 만드는 이유는 탐욕과 두려움 때문이다. 아무리 이성적이고 합리적인 사람이라도 탐욕과 두려움에 휩싸이는 순간 판단력이 흐려지기 마련이다.

천재 과학자 아이작 뉴턴도 예외가 아니었다. 뉴턴은 영국 조폐국장으로 25년간 근무하면서 위조화폐 방지에 큰 업적을 남기기도 했다. 당시 금화, 은화에 들어있는 금이나 은을 얻기 위해 동전을 고의로 깎아서 팔아먹는 행위가 성행했다. 이를 방지할 목적으로 동전 테두리에 톱니를 새겨 넣도록 한 것이 뉴턴의 아이디어였다.

이처럼 금융에도 상당한 기여를 했던 뉴턴이었지만 남해회사South See Company 주식에 투자했다가 약 2만 파운드(한화 약 20억 원)를 날리고 말았다. 남해회사는 남미와의 무역을 독점할 수 있는 특권을 부여받는 등 투자처로 대단히 매력적인 회사였다. 이같은 상황을 긍정적으로 판단한 뉴턴은 남해회사 주식에 소액을 투자해 짭짤한 이익을 보았다. 그러나 남해회사 주식을 팔지 않고 기다렸던 친구들은 더 큰 이익을 올리고 있었다. 급등하는 남해회사 주가를 보며 다급해진 뉴턴은 거의 전 재산을 투자했지만 안타깝게도 그때가 거품이 꺼지기 직전이었다. 사실상 빈껍데기 회사였던 남해회사의 실체가 알려지면서 주가는 곤두박질쳤고, 대출까지 동원해 투자했던 뉴턴은 끝내 참담한 실패를 맛보았다.

금융의 역사에 유명한 버블(자산가치에 비해 과도하게 비싼 가격을 형성하다가 폭락하는 사건) 중 하나로 꼽히는 남해회사 버블을 겪으며 뉴턴은 "나는 천체의 움직임은 계산할 수 있어도, 인간의 광기는 도저히 계산할 수 없다"라는 말을 남겼다고 한다.

인플레이션 리스크

경제적 자유로 가는 길목을 방해하는 가장 큰 리스크는 인플레이션이다. 인플레이션이 리스크인 이유는 내 자산을 갉아먹기 때문이다.

은행 통장에 있는 100만 원은 10년 전이나 지금이나 같은 금액이다. 그러나 10년 전 100만 원으로 누릴 수 있었던 것에 비해 현재 100만 원으로 할 수 있는 것은 적다. 그만큼 돈의 가치가 떨어졌기 때문이다. 경기가 침체에 빠지는 디플레이션(인플레이션의 반대 개념으로 물가가 하락하는 현상) 상황이 아니라면 돈의 가치는 시간이 지날수록 떨어진다.

투자를 하는 최소 목표수익률은 인플레이션 수준이어야 한다. 그래야 내 돈이 인플레이션에 갉아 먹히지 않기 때문이다. 인플레이션 리스크는 어느 날 갑자기 들이닥치지 않는다. 밀물처럼 조금씩 밀고 들어와 세상을 장악한다. 인플레이션이라는 밀물에 빠져 죽지 않으려면 든든한 배를 준비하고 있어야 한다. 인플레이션 밀물에 띄울 수 있는 배의 또 다른 이름은 바로 투자다.

장수 리스크

경제적 자유를 꿈꾸는 이들이 마지막까지 기억해야 할 리스크는 장수 리스크다. 거칠게 표현하자면 죽는 날까지 돈이 떨어지지 않아야 한다. 나보다 내가 가진 자산의 수명이 더 길어야 한다.

문제는 내 수명이 얼마인지 모른다는 것이다. 그때까지 건강할 것인지, 장애를 입거나 투병 생활을 하게 될지도 알 수 없다. 관련 통계를 참고하는 것이 도움이 되겠지만 어디까지나 통계일 뿐이다.

너무 먼 이야기라 감이 잘 안 잡힐 수 있다. 지금 당장 해결해야 할 문제들에 가려 보이지 않을 수도 있다. 그러나 대부분의 사람에게 노년은 피할 수 없는 시간으로 다가올 것이다. 물론 사회보장체계에서 뒷받침해주는 부분이 있다. 다만 폭발적으로 늘어나는 고령인구, 그에 비해 급격히 줄어드는 경제활동인구의 추이를 볼 때 큰 기대를 품기에는 위험요소가 많다.

생을 마감할 때까지 품위 있고, 주변에 폐 끼치지 않는 삶을 원한다면 장수 리스크를 철저히 대비해야 한다. 노후에는 신체적 건강, 따뜻하고 충실한 인간관계, 삶의 의미를 더해 줄 일 등이 있어야 한다고 전문가들은 입을 모은다. 당연히 경제적 능력을 빼놓을 수 없고, 그 핵심에는 투자가 있다.

2

투자자의 감정 사이클 이해하기

투자와 담쌓고 지내던 사람들의 귀가 번쩍 뜨이는 시기가 있다. '투자에서 돈을 많이 벌었다'라는 이야기로 뉴스와 SNS가 넘쳐날 때다. 주식, 부동산, 코인 등으로 큰돈을 벌어서 회사를 그만뒀다는 사람들이 속출한다. 이른바 대세 상승기에는 온통 주식, 부동산, 코인 이야기뿐이다. 가만히 있다가는 더욱더 뒤처질지도 모른다는 불안이 스며들기 시작한다.

그래도 무턱대고 뛰어들 수는 없다. 유명 전문가의 분석과 전망, 재야의 고수들이 알려주는 비법으로 무장하고 투자 시장에 참전한다. 다행히 수익률이 잘 나온다. 몇 년 치 예금 이자율을 가뿐히 뛰어넘는다. 은행 예금만 하고 있었던 게 억울할 지경이다. 이럴 줄 알았으면 좀 더 큰돈을 투자하는 건데 용기를 내지 못한 게 안타깝다. 투자 콘텐츠를 보는 시간이 점점 늘어나고, 외계어 같던 용어들이

투자 시장의 감정 싸이클

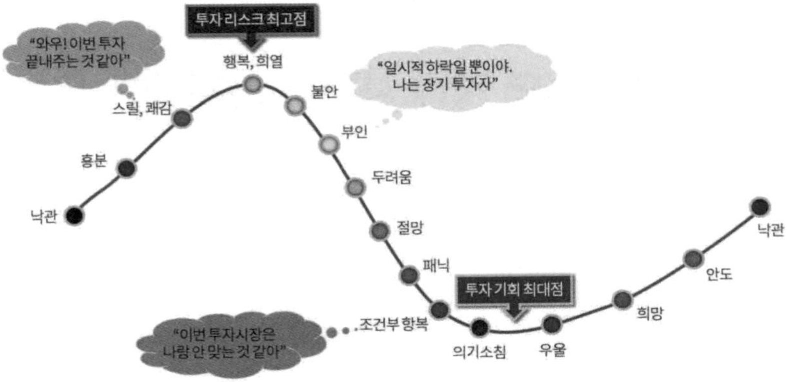

하나둘 눈에 들어온다. 신세계가 열리는 것 같다.

'좋아! 이렇게만 가면 돼.'

그러나 행복은 오래 가지 않았다. 수익률이 떨어졌다. 황급히 자료를 찾아보니 전망이 엇갈린다. 팔아버릴까 생각하다가 최고치를 찍었던 수익률이 어른거린다.

'이게 책에서 말하는 일시적 후퇴라는 것이군. 그렇다면 기다려야지. 나는 장기투자자니까.'

반등을 기다리며 초조하게 시간을 보내고 있는데 더 떨어졌다. 수익률이 원점(0)에 가까워졌다. 아직 손실은 아니지만 이대로 물러나고 싶지 않다. 좀 더 기다려 보기로 한다. 그러나 기다림이 무색하게 수익률은 마이너스로 바뀌고 말았다. 진작 팔지 못했던 게 후회스럽다. 일도 손에 안 잡히고 입맛도 없다. 손실 폭이 줄어들면 팔려고 준비하고 있는데 더 떨어진다. 핸드폰 보는 게 고통이다.

'그럼 그렇지. 나한테 투자는 애당초 어울리지 않는 거였어.'

거의 자포자기 상태에 빠진다. 이런 상황을 매일 마주하는 게 더 불안하고 화가 난다. 결국 눈물을 머금고 전량 매도한다. 이번에 치른 수업료가 만만치 않다.

한동안 투자 쪽은 신경 끄고 지냈는데 다시 슬금슬금 오른다는 뉴스가 들려온다. '조금만 더 참을걸' 하는 후회가 밀려온다. 지금이 투자할 타이밍일지도 모른다는 느낌이 들었지만 확신이 서지 않는다. 그렇게 시간을 보내는 사이 점점 더 올라버리고 과거에 샀던 가격 수준으로 회복된다.

'나는 그동안 무얼 한 걸까?'

강세장과 약세장의 3단계

현존하는 투자의 거장 중 한 사람인 하워드 막스 오크트리캐피털 매니지먼트 회장은 강세장과 약세장을 각각 3단계로 구분하고 있다.

각 단계를 정확하게 구분하기는 어렵다. 단계별 기간이 일정하지도 않고 상승과 하락 폭도 매번 다르다. 역사적으로는 강세장이 약세장보다 오래 지속되는 경향이 있다. 그래서 시간이 지날수록 자산 가격이 오르는 것이다.

강세장과 약세장은 방향은 정반대지만 진행되는 모습은 비슷하다. 소수의 사람들이 강세장과 약세장의 시작을 인식한다(1단계). 그러다가 상황에 대한 인식이 널리 퍼지고(2단계), 모두가 이대로 계속될 거라는 결론을 내리고 확신한다(3단계). 강세장의 3단계는 약세장의

시장 단계	강세장(상승장)	약세장(하락장)
1단계	소수의 통찰력 있는 사람들이 상황이 나아질 것이라고 믿기 시작할 때	소수의 신중한 투자자들만이 상황이 언제나 장밋빛일 수는 없다는 것을 인식할 때
2단계	대부분의 투자자들이 실제로 상황이 좋아지고 있다는 것을 알게 될 때	대부분의 투자자들이 상황이 악화되고 있음을 인식할 때
3단계	모두가 상황이 계속해서 좋을 것이라는 결론을 내릴 때	모든 사람이 상황이 악화될 수밖에 없음을 확신할 때

1단계로 이어지고, 약세장의 3단계는 강세장의 1단계로 이어져 순환한다.

누구나 강세장과 약세장의 시작을 알아차리는 소수가 되고 싶지만, 전업 투자자나 세계적인 석학들에게도 그것은 어려운 일이다. 좀 더 정확히 말하면 아무도 모른다. 지나고 봤더니 그때가 강세장의 정점이었고 약세장의 끝이었다는 걸 알게 될 따름이다.

투자 시장에서 살아남는 세 가지 방법

충분한 현금 보유하기

하락하는 투자 시장에 발을 담그고 있는 이상 스트레스를 피하기는 어렵다. 그러나 충분한 현금을 보유하고 있는 투자자는 상대적으로 스트레스가 적다. 이때 현금은 생활비로 쓰기 위한 것이 아니라 투자에 할당해 놓은 '투자 대기자금'을 말한다.

현금은 평상시에는 수익성에 도움이 안 되는 존재처럼 여겨지지만, 위기의 순간에 없어서는 안 될 친구다. 모든 투자자금이 묶여 있어서 투자 기회를 알면서도 놓쳐버리는 경우가 많다. 대출을 일으켜 투자에 나설 수도 있지만 자기 돈으로 하는 것과는 많이 다르다. 현금이 넉넉한 투자자에게 하락장은 남몰래 웃을 수 있는 시간이 된다.

계속 투자하기

시장의 국면과 관계없이 계속 투자 시장에 남아 있는 것은 의외로 괜찮은 결과를 가져다준다. 강세장과 약세장은 반복하며 나타나지만 장기적인 추세는 상승하기 때문이다. 단기간의 수익과 손실에 초점을 맞추면 스트레스에 계속 노출될 수밖에 없다.

약세장일 때는 투자에서 발을 빼고 있다가 강세장 초입에 다시 들어가고 싶겠지만 로또만큼이나 어렵다. 투자 시장에 계속 머물러 있다 보면 우연처럼 찾아오는 기회를 만날 가능성이 있다. 투자의 세계에서 고점과 저점은 지나고 나서야 알게 된다. 그때까지는 아무도 모른다.

투자 포트폴리오 리밸런싱하기

일정한 주기로 투자 포트폴리오를 리밸런싱rebalancing하면 강세장과 약세장의 스트레스를 줄일 수 있다. 리밸런싱이란 상승한 자산을 팔아 하락한 자산을 사들여서 원래의 투자 비중대로 맞추는 것이다. 예를 들어 주식 40%, 채권 40%, 현금 20%의 비율로 투자 비중을 정했는데 주식의 성과가 급격히 좋아지면 어떻게 될까? 포트폴리오 내에서 주식의 비중은 높아지고(50%), 채권과 현금은 (손실을 보지 않았더라도) 비중이 줄어든다.

리밸런싱하는 방법은 주식을 10% 팔아 40%로 낮추고, 주식을 판 돈으로 채권을 사고 현금을 늘리는 것이다. 이렇게 하면 원래 정한 투자 비중인 주식 40%, 채권 40%, 현금 20%로 재조정된다. 리밸런싱을 하면 상승하는 자산은 더 오를 것 같고 하락하는 자산은 더 떨어질 것 같은 심리에 휘둘리는 것을 막아줄 수 있다.

정해진 리밸런싱 주기는 없지만 너무 짧으면 거래 비용이 늘어나고 수익을 실현할 수 있는 충분한 기간을 확보하기 어렵다. 반대로 리밸런싱 주기가 너무 길면 시장 국면을 제대로 활용하지 못하거나, 리밸런싱 자체를 잊고 지낼 위험이 있다. 일반적으로는 6개월에서 1년을 주기로 포트폴리오 리밸런싱하는 편을 추천한다.

3

공포에 사서 탐욕에 팔아라

투자 시장은 공포와 탐욕이 지배한다. 뭔가 께름칙하고 무시무시한 느낌이 드는가? 지극히 자연스러운 반응이다. 효율적으로 움직이는 것처럼 보이는 투자 시장 밑바탕에는 탐욕과 공포가 늘 도사리고 있다가 결정적 순간에 그 모습을 드러낸다. 쓰나미처럼 모든 걸 한꺼번에 휩쓸어 버린다. 이후에는 언제 그랬냐는 듯 자취를 감추곤 한다. 탐욕과 공포를 이해하지 못하면 투자 시장에서 살아남기 어렵다.

수익을 얻고자 하는 투자자의 욕망은 본능에 가깝다. 그 욕망은 자본주의를 움직이는 중요한 동력 중 하나다. 투자자의 욕망이 있어야 국가와 기업에 자금을 조달할 수 있고, 부동산 거래도 활발해진다. 돈이 돌고 경제 규모는 점점 커진다. 일자리가 생기고 소득과 자산 가격이 오른다.

문제는 욕망이 자라나 탐욕으로 변신할 때다. 소수의 사람이 징후를 알아차리고 경고를 보내지만 사람들은 무시한다. 왜냐하면 탐욕이 지배하는 시간은 모두가 흥겹기 때문이다. 파티가 한창인데 누군가 집으로 돌아갈 시간이라고 외친다면 눈총만 받을 뿐이다. 그 전보다 더 크게 음악을 틀고 분위기를 끌어올리는 목소리만 커진다. 일부의 사람들만 '이만하면 놀 만큼 놀았다'라고 생각하고 조용히 빠져나간다.

영원히 지속될 것 같던 탐욕의 시간은 서서히 막을 내리기보다는 단기간에 끝날 때가 많다. 음악이 멈추고 불이 꺼진 파티장은 순식간에 세상에서 가장 공포스러운 공간으로 바뀐다. 여기저기 사상자가 속출하고 다시는 과거의 영광을 회복하지 못할 것만 같다. '장기침체', '대량실업', '마이너스 성장' 같은 단어들이 뉴스와 SNS를 뒤덮는다. '공포의 시간'이 찾아온 것이다.

그러나 세상이 끝장날 것 같은 공포의 시간이야말로 정신을 바짝 차려야 할 때다. 공포에 사로잡힌 나머지 모든 걸 내던진다면 기회는 찾아오지 않기 때문이다. 남들이 헐값에 내놓은 자산을 '줍줍'할 수 있는 절호의 기회도 이때다. 극심한 공포의 시간은 생각보다 짧게 지나간다. 여전히 미래는 불확실하지만 일주일, 한 달 전보다 나아진 부분에서 희망의 실마리를 발견한다. 사람들은 정신을 차리고 이성적 판단을 하기 시작한다. 자산 가격은 점차 제자리를 찾아간다.

정확한 타이밍은 언제인가

투자 시장에 탐욕이 정점을 찍기 전에 빠져나오고, 공포가 극에 달

공포와 탐욕 지수

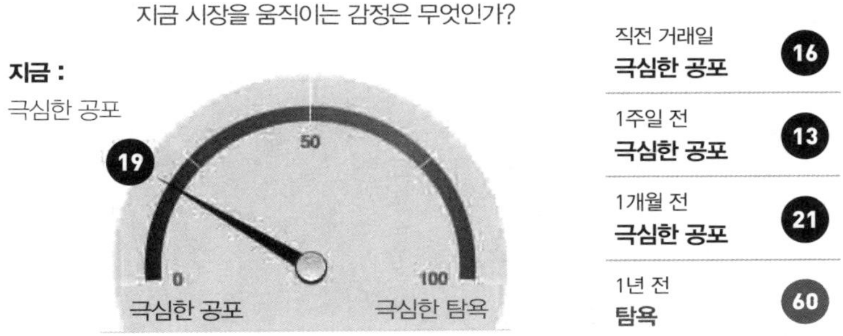

할 때 진입할 수 있다면 엄청난 성과를 얻을 수 있을 것이다. 그러나 타이밍을 정확히 예측하려는 시도는 아예 하지 않는 편이 낫다. 불가능하기 때문이다. 그것은 날고 기는 투자 전문가들에게도 어려운 일이다. 한때 정확한 예측으로 이름을 높였던 경제학자나 투자자들 역시 계속해서 맞추지는 못한다. 그만큼 투자 시장은 복합적이다.

그러나 사람들은 투자 시장의 공포와 탐욕의 정도를 측정하려는 시도를 계속하고 있다. 저마다의 분석 모델을 기반으로 다양한 지표를 개발해왔다. 그중에서 CNN이 발표하는 '공포와 탐욕 지수Fear & Greed Index'는 많은 금융 투자자들이 참고하는 지표 중 하나다.

읽는 법은 간단하다. 자동차 속도계처럼 생긴 점수판이 0에 가까울수록 공포에, 100에 가까울수록 탐욕에 빠져 있다고 이해하면 된다. 오른쪽에는 직전 거래일, 1주일, 1개월, 1년 전 지수를 보여준다.

과거의 지수 변화도 볼 수 있다. 2020년 상반기는 지수가 엄청나게 요동쳤다(그림 박스 표시). 2020년을 시작할 때는 거의 100이었던

공포와 탐욕 지수 변화

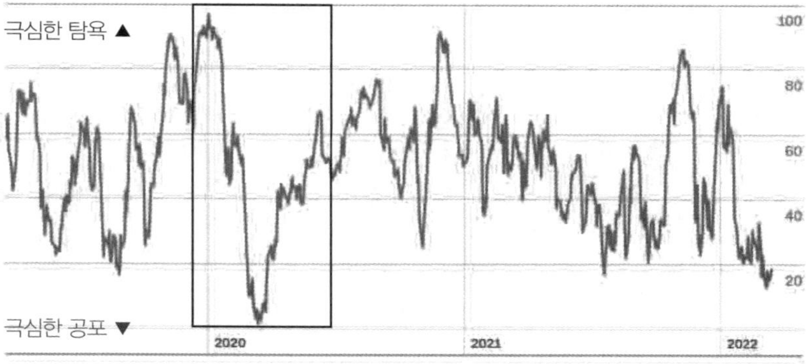

지수가 코로나19가 전 세계를 강타하면서 0에 가깝게 떨어졌다. 돌이켜보면 코로나19로 인류가 멸망할지도 모른다는 공포가 투자 시장을 지배하고 있었다. 그러나 백신 개발 등의 소식이 전해지면서 빠르게 중립 수준으로 회복되었다. 당시 주가도 공포와 탐욕 지수와 유사한 흐름을 보였다.

그러나 공포와 탐욕 지수와 주가 흐름이 완벽하게 일치하지는 않는다. 극심한 공포와 탐욕 수준을 파악하는 데는 참고가 되지만 이 지수를 따라 투자 결정을 내리는 것은 주의해야 한다. 특히 매수와 매도를 빈번히 하는 데이트레이더가 활용하기에는 적합하지 않다.

대중과 반대 방향으로 걸어가는 용기를 내는 이에게 투자는 달콤한 결실을 허락한다. 리스크의 어원에는 '용기를 내어 도전하다'라는 뜻이 있다는 사실을 기억하자. '공포에 사서 탐욕에 팔라'는 워런 버핏의 명언은 투자의 핵심을 관통한다.

4

답이 없는 주식투자에도 방법은 있다

투자자의 영원한 고민 중 하나는 '어떤 종목이 오를 것인가?'이다. 이 문제를 풀기 위해 수많은 투자 이론이 나왔다. 그러나 안타깝게도 투자 시장은 수학처럼 공식을 적용해 정답을 구하기 어려운 곳이다. 어제까지 기막히게 들어맞던 이론이 오늘부터는 전혀 통하지 않기도 한다.

'월스트리트의 괴짜 혹은 현자'로 불리는 나심 니콜라스 탈레브는 "세상사 대부분은 운에 좌우된다"라고 일침을 놓는다. 운 좋은 바보가 실력 있는 투자자보다 더 높은 투자 실적을 거둘 때가 있다. 심지어 원숭이와 펀드매니저의 투자 대결에서 원숭이가 이긴 적도 있다. 세계적인 경제신문 〈월스트리트저널〉은 1980년대 후반에 원숭이가 무작위로 선정한 종목과 펀드매니저 4명이 택한 종목의 수익률을 6개월 단위로 비교해 보았다. 실험 결과 펀드매니저가 원숭이에게 패하고 말았다. 그렇다고 투자를 원숭이에게 맡길 수는 없는 노릇이다.

사실 〈월스트리트저널〉이 했던 전체 실험은 1988년부터 2002년까지 142회 진행됐다. 그러자 펀드매니저의 승률이 61.3%로 높아졌다(인간의 체면을 살려서 다행이라고 해야 할까?).

이 실험을 통해 확인할 수 있는 몇 가지 사실이 있다.

첫째, 투자 시장에는 실력과 운이 공존한다.

둘째, 단기간의 성과는 장담할 수 없다.

셋째, 긴 시간 투자를 반복하면 성과를 낼 수 있다.

직접투자 vs 간접투자

장기 투자를 하려는 일반 투자자에게는 크게 두 가지 선택지가 있다. 자신이 직접 종목을 골라 투자하는 방법(직접투자)과 펀드 등을 통해 투자 전문가에게 맡기는 방법(간접투자)이다. 물론 두 가지를 동시에 할 수도 있다.

직접투자의 장점은 비용이 적게 든다는 점이다. 정확히 말하면 투자 전문가에게 맡길 때 드는 비용(보수, 수수료 등)을 쓰지 않아도 된다. 대신 투자에 적잖은 시간을 써야 한다. 우리나라 주식시장(코스피, 코스닥)에 상장된 회사는 2,356개다(2021년 말 기준). 해외 주식시장까지 범위를 넓히면 그 수를 헤아리기 어렵다. 투자 대상을 좁힌다 하더라도 개인이 분석해야 할 자료는 결코 만만치 않다. 소화해야 할 자료의 양도 양이지만, 자신이 분석한 결과를 얼마나 신뢰할 수 있느냐는 리스크가 늘 있다. 그래서 일정 금액을 비용으로 지불하는 대신, 시간을 절약하고 리스크를 줄이는 선택을 하는 개인 투자자도 많다.

간접투자의 장단점은 직접투자와 엇갈린다. 비용이 좀 들어도 수익만 확실하다면 더 나은 선택이 된다. 펀드매니저들이 제대로 실력 발휘만 해준다면 미래는 걱정할 것이 없다.

그런데 여기서 문제가 하나 있다. 간접투자를 하면 무조건 수익이 나는 것은 아니다. 수익이 날 수도 있고 손실을 볼 수도 있다. 뿐만 아니라 손실을 보더라도 비용은 지급해야 한다. 간접투자자 입장에서는 무척 속 쓰린 일이다.

액티브펀드 vs 패시브펀드

간접투자라고 해서 모두 똑같지는 않다. 주식형펀드를 구분하는 기준은 수십 가지가 넘지만 펀드가 추구하는 목표에 따라 두 가지로 나눌 수 있다. 첫째는 '시장 평균 이상의 수익률'을 목표로 하는 펀드가 있고, 둘째는 '시장 평균 수익률'을 목표로 하는 펀드가 있다. 언뜻 보기에 평균 이상의 수익률을 목표로 하는 펀드에 투자하는 것이 당연할 것 같다. 돈까지 들여서 투자하는데 겨우 평균을 목표로 한다는 펀드에 누가 투자를 할까 싶을 것이다. 이처럼 시장 평균을 뛰어넘는 성과를 목표로 삼는 펀드를 '액티브펀드Active fund'라고 한다. 반면 시장 평균을 따라가겠다는 펀드를 '패시브펀드Passive fund'라고 부른다. 실제로 간접투자자의 대부분은 액티브펀드에 투자하고 있다.

그러나 액티브펀드의 상당수는 시장 평균 수익률에도 미치지 못하는 부진한 성과를 기록한다. 예컨대 국내 코스피 지수가 지난 1년간 10% 상승했다면, 10% 미만의 성과를 기록한 국내 주식형 액티브펀드가 꽤 있는 것이다(그중에는 손실을 기록하는 액티브펀드도 있다). 시험을 치르는 학생 모두가 평균 점수 이상의 성적을 올릴 수는 없는 것과 같은 이치다. 확률적으로 절반은 평균 이하의 성적을 받는다.

액티브펀드 중에도 꾸준하게 시장 평균을 상회하는 수익률을 보이는 펀드가 있다. 그러나 공부 잘하는 학생처럼 매번 평균을 뛰어넘는 수익률을 달성하는 펀드는 매우 드물다. 왜냐하면 공부는 잘하는 학생이 계속 잘 할 수 있지만, 투자 시장에는 '운'이라는 요소가 늘 있기 때문이다. 펀드가 세운 투자 전략과 시장이 다르게 흘러갈 경우도 흔하고, 유능한 펀드매니저가 자리를 옮기는 일도 비일비재하다.

투자의 기본을 망각하지 마라

월가의 전설적인 펀드매니저 피터 린치는 1977년부터 1990년까지 '마젤란펀드'를 운용하면서 누적수익률 2,703%라는 경이적인 수익률을 올렸다(연평균수익률로 환산하면 29.2%이며 이는 당시 시장 평균 수익률의 2배다). 시장을 순식간에 공포로 몰아넣었던 블랙 먼데이가 있었던 1987년에도 플러스 수익률로 마감하는 등 운용기간 동안 단 한 해도 마이너스를 기록하지 않았다. 월가에서 10년 넘게 시장 평균 수익률을 초과한 투자자는 피터 린치와 워런 버핏뿐이라고 한다.

하지만 한창 전성기인 47세에 가족과 소중한 시간을 보내기 위해 갑자기 은퇴하는 바람에 이제는 그가 운용하는 펀드를 볼 수 없게 됐다. 당시 마젤란펀드에 투자했던 사람들이 부러울 지경이다. 피터 린치가 펀드를 운용하던 시절로 돌아갈 수 있다면 어떨까? 자신의 전 재산을 마젤란펀드에 넣겠다는 사람이 많을 것이다.

그러나 마젤란펀드 가입자의 절반 이상은 손실을 봤다. 펀드는 놀라운 수익을 올렸는데 절반이 넘는 투자자가 손실을 봤다는 게 이해가 되지 않을 것이다. 손실을 본 투자자들은 이렇게 행동했다. 마젤란펀드의 수익률이 좋다는 뉴스를 접하고 펀드에 돈을 넣었다가 수익률이 낮아지면 돈을 빼버렸다. '쌀 때 사서 비쌀 때 팔아야 한다'라는 투자의 기본 원리를 정반대로 한 것이다. 전설적인 펀드를 만나도 투자의 기본을 망각하면 어쩔 수 없다.

인덱스펀드에 주목하라

제2의 마젤란펀드를 찾느라 애쓰는 대신 인덱스펀드에 투자하는 편이 낫다. 인덱스펀드Index fund란 패시브펀드와 같은 의미로 쓰이는데 투자 대상으로 삼는 시장의 평균 수익률을 따라가는 펀드를 말한다. 예를 들면 코스피에 상장된 종목 중 상위 200개 종목으로 별도의 지수index를 만들 수 있다. 이렇게 만들어진 지수를 '코스피200'이라고 한다. 미국 주식시장의 'S&P500'은 스탠다드앤푸어스사가 기업규모, 유동성, 산업대표성 등을 참고로 선정한 500개 대형주로 구성된 주가지수다. '나스닥100'은 미국 나스닥 상장종목 100개로 구성한 주가지수다.

이처럼 나라마다 주식시장 전체 또는 우량기업 등으로 구성한 다양한 주가지수가 있다. 인덱스펀드는 이런 주가지수 중에 특정 주가지수와 거의 똑같이 움직이는 펀드인 셈이다. 코스피200을 추종하는 인덱스펀드나 ETF(상장지수펀드)는 코스피200의 수익률과 운명을 같이 한다.

인덱스펀드에 투자한다는 의미는 그 지수를 구성하고 있는 주식 전체에 투자한다는 뜻이다. 우량 주식 중에는 1주에 100만 원을 훌쩍 넘는 것도 있고, 그런 종목을 여러 개 보유하려면 상당한 돈이 필요하다. 그러나 인덱스펀드나 ETF를 이용하면 간접적으로 100개, 200개, 500개 또는 그 이상의 종목을 아주 적은 돈으로 투자하는 효과를 낼 수 있다. 조각 케이크도 전체 케이크와 똑같은 맛을 갖고 있는 것과 같은 이치라고 할 수 있다.

인덱스펀드는 액티브펀드에 비해 비용이 저렴하다. 투자성과가 불확실한 액티브펀드에 투자하는 것보다 시장 평균 수익률을 꾸준하게 내주는 편을 마음 편하게 여긴다면 인덱스펀드가 대안이 될 수 있다.

인덱스펀드의 창시자 존 보글은 "장기적 관점에서 시장의 평균 수익률보다 높은 수익률을 올리는 투자자가 나올 확률은 극히 낮기 때문에 가장 효과적인 투자 전략은 시장 평균 수익률을 그대로 따라가는 것"이라고 말했다.

워런 버핏도 아내를 위해 미리 준비한 유언장에서 "재산의 90%는 S&P 500 인덱스펀드에 투자하라"며 일반 투자자에게는 패시브 투자가 더 적합하다는 의미를 간접적으로 밝힌 바 있다.

5

부의 토대를 만드는 자산 배분

축구를 잘 모르는 사람이라도 한 팀은 11명이고 선수마다 포지션이 있다는 것은 안다. 골키퍼, 수비수, 미드필더, 공격수로 이어지는 팀플레이가 잘 이루어지는 팀이 강팀이다. 스포트라이트는 주로 골을 넣는 공격수들이 받지만 사실 강팀은 조직력이 만든다.

21세기 최고의 축구선수로 아르헨티나의 메시, 포르투갈의 호날두를 꼽는 데 이견은 없을 것이다. 탁월한 개인기를 바탕으로 놀라운 기록을 쌓았고, 소속팀을 여러 차례 우승으로 이끌었다. 그러나, 두 선수 모두 월드컵과는 인연이 없었다. 뛰어난 선수 1~2명으로는 월드컵 우승을 차지할 수 없기 때문이다.

만약 메시나 호날두 11명으로 팀을 구성한다면 어떨까? 공격력은 상상을 초월하겠지만 수비에 허점이 생길 게 뻔하다. 메시가 골키퍼를 맡는다면 작은 키(169cm) 때문에 상당한 어려움을 겪을 것이다.

호날두는 수비에 전혀 가담하지 않는 것으로 악명이 높다. 결국 득점을 엄청나게 많이 해서 이기는 전략을 택할 수밖에 없다. 그러나 축구에서 골은 마음먹은 대로 들어가지 않는다는 사실을 기억해야 한다.

자산배분은 축구 감독처럼

자산배분은 주식, 채권, 부동산, 현금 등의 자산별 투자 비중을 정하는 것이다. 마치 축구팀을 짜는 것과 비슷하다. 감독에 따라 공격을 중시할 수도 있고, 수비를 우선할 수도 있다. 그러나 공격수나 수비수로만 팀을 꾸려 경기에 나서는 감독은 없다.

자산배분을 할 때도 수익률을 끌어올리는 역할을 하는 자산과 수익률을 지키는 역할을 하는 자산이 모두 필요하다. 주식은 포트폴리오의 수익률을 높이는 역할을 맡지만 때로는 손실을 기록하기도 한다. 한 게임에 2~3골씩 넣을 때도 있지만 결정적인 실수를 저질러 실점의 빌미를 제공하는 선수와 비슷하다고 할 수 있다.

포트폴리오에서 주식의 비중이 높을수록 수익과 손실 폭이 커지는 이유는 이러한 주식의 속성 때문이다. 주식에 100% 투자할 경우, 단기간에 고수익을 올릴 가능성도 있지만 반토막이 될 위험을 함께 갖는다.

채권은 주식보다 상대적으로 오르고 내리는 폭이 작다. 득점을 많이 하는 선수는 아니지만 상대방의 공격을 잘 방어하는 역할을 맡는다. 금리가 떨어지는 상황에서는 때때로 주식보다 더 높은 수익을 안겨다 주기도 한다. 그러나 금리가 급격히 오르는 상황에서는 채권 가격이 하락하기 때문에 손실을 볼 수도 있다.

현금은 골키퍼 같은 역할을 한다. 결정적 장면에서 터지는 골키퍼의 선방은 득점 못지않은 효과를 발휘한다. 수익에는 별 도움이 안 되지만 모두가 패닉에 빠져 있을 때 포트폴리오를 지켜주는 최후의 보루가 된다.

부동산이나 원자재도 각기 사이클에 따라 오르고 내리지만 그 움직임이 다른 자산과 다를 때 의미가 있다. 특히 원자재나 금은 단기간에 급등락할 때가 있다. 원유는 배럴당 20~30달러 수준에 머물다가 갑자기 100달러 이상으로 오르기도 한다. 금값 역시 정체를 보이다가도 위기감이 고조되거나 하면 크게 요동치는 모습을 보인다.

투자 리스크를 줄이는 자산배분

자산배분의 핵심은 서로 다른 방향성을 띠는 자산을 함께 보유하는 것이다. 오를 때 다 같이 오르고 떨어질 때 다 같이 떨어진다면 자산배분을 하는 의미가 없다.

두 자산의 방향성을 이야기할 때 '상관계수'라는 개념을 사용한다. 상관계수는 -1~+1 사이의 숫자로 표현하는데 -1에 가까울수록 반대로 움직이는 경향이 강하고, +1에 가까울수록 똑같이 움직인다고 이해하면 된다.

자산배분과 투자 포트폴리오 설계의 전문가인 로저 깁슨은 《자산배분 전략》에서 간단한 그래프로 이를 설명한 바 있다.

포트폴리오 1

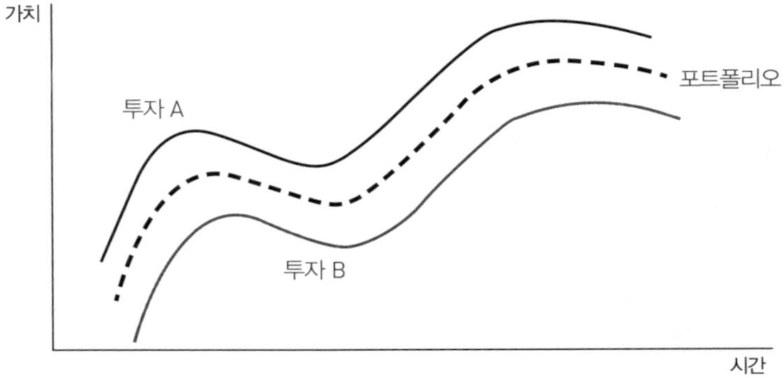

포트폴리오 2

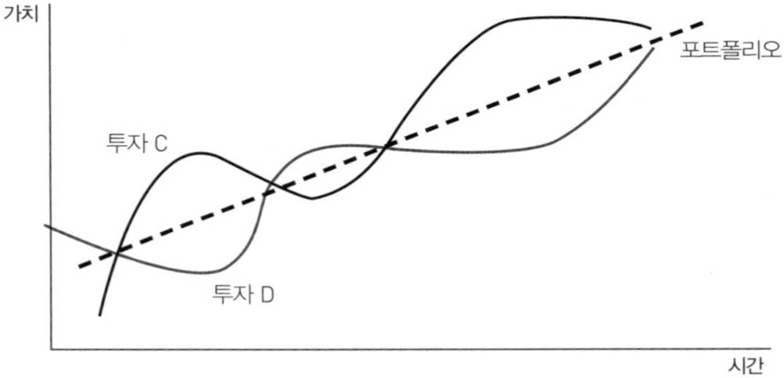

포트폴리오 1의 A자산과 B자산은 가치의 크기가 다를 뿐 똑같이 움직인다. A자산과 B자산에 각각 50%씩 분산 투자하면 점선으로 표시된 포트폴리오와 같은 수익률을 달성하게 된다. 그러나 이런 자산배분은 효과가 없다.

반면 포트폴리오 2에서 두 자산의 움직임은 정반대다. C자산이 수익을 거둘 때 D자산은 손실을 기록하고, C자산이 손실을 기록할 때 D자산은 수익을 거두고 있다. 만약 투자금액을 절반씩 나누어 C자산과 D자산에 투자한다면 점선으로 표시된 '포트폴리오'의 수익률을 거두게 된다. 이렇게 하면 자산배분을 한 덕분에 안정적으로 자산을 관리할 수 있다.

두 가지 예시 모두 이해를 돕기 위해 각기 두 자산이 완벽한 '정(+)의 상관관계' 또는 '부(-)의 상관관계'로 제시한 것이다. 현실에서는 이처럼 완전히 똑같이 움직이거나 완벽하게 반대로 움직이는 자산은 없다. 다만 '부(-)의 상관관계'가 클수록 자산배분 효과가 크다는 점만 이해하면 되겠다.

자산배분 효과가 큰 자산들

최근 '동학개미(국내 주식 개인 투자자)' 또는 '서학개미(해외 주식 개인 투자자)'로 불리는 개인 투자자들이 부쩍 늘어났다. 그렇다면 만약 한국 주식과 미국 주식에 나누어 투자한다면 결과는 어떨까? 과거(1982년~2021년) 데이터를 보면 코스피 지수와 미국 S&P 500지수의 수익률은 다음 페이지의 그래프와 같다.

초기 3년간은 한국 주식과 미국 주식의 흐름이 거의 일치한다(A구간). 그러다가 한국 주식이 급등과 급락을 2차례 반복하는 동안 미국 주식은 완만한 상승세를 보였다(B구간). 이후 2000년 닷컴버블이 꺼질 때는 한국 주식과 미국 주식 모두 하락하는 모습을 보인다(C구간). 2008년 금융위기 때는 둘 다 심각한 하락을 경험했지만 2010년대에 미국 주식은 꾸준한 상승세를 이어간 반면 한국 주식은 계속 박스권에 갇혀 있었다(D구간).

코스피 지수와 미국 S&P 500 지수 수익률

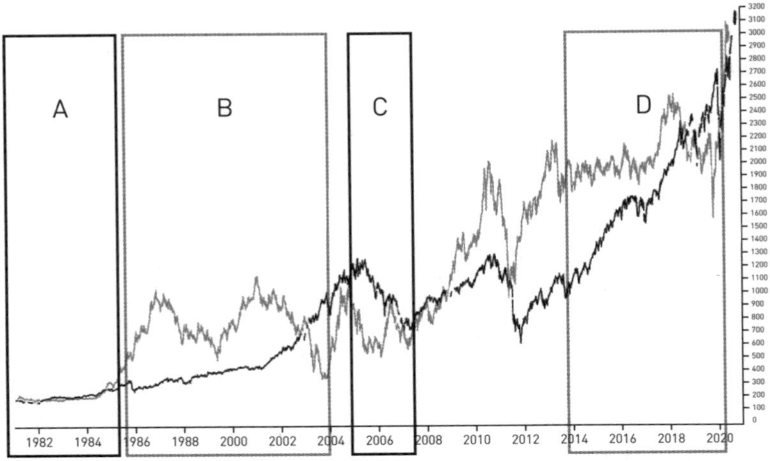

■ 한국 코스피 ■ 미국 S&P 500

지난 40년간의 데이터로 볼 때 코스피와 S&P 500은 자산배분 효과가 큰 조합이라고 보기 어렵다. 작은 부(-)의 상관관계를 보이기 때문이다. 우리가 찾아야 할 것은 이보다 더 큰 부(-)의 상관관계를 갖는 자산의 조합이다.

2000년 이후 글로벌 주요 자산의 상관계수를 보면 자산배분 효과가 비교적 큰 조합이 눈에 띈다. 한국 코스피와 함께 투자할 때 자산배분 효과가 가장 큰 것은 미국 국채다(상관계수 -0.61). 한국 주식과 미국 주식에 투자하는 것보다 '한국 주식+미국 국채' 조합이 자산배분 측면에서는 훨씬 효과가 높은 것이다.

한국 아파트와 함께 투자할 때 자산배분 효과가 가장 큰 자산은 미국 S&P500이다(상관계수 -0.62). 자산의 대부분이 아파트에 묶여

2000년 이후 글로벌 주요 자산의 상관계수

(기준: 연 평균)

	한국 코스피	한국 국공채	한국 아파트	미국 S&P500	미국 국채	신흥국 주식	금
한국 코스피	1						
한국 국공채	−0.32	1					
한국 아파트	0.43	0.06	1				
미국 S&P500	−0.14	−0.20	−0.62	1			
미국 국채	−0.61	0.26	−0.08	−0.24	1		
신흥국 주식	0.68	−0.32	0.07	0.17	−0.42	1	
금	−0.14	−0.05	0.16	−0.46	0.66	0.06	1

출처 : 《돈의 흐름에 올라타라》(홍춘욱, 스마트북스)

있는 사람이라면 한국 주식보다는 미국 S&P500을 우선 고려하는 것이 자산배분 면에서는 유리해 보인다. 그밖에 미국 S&P500과 금, 미국 국채와 신흥국 주식의 조합도 비교적 큰 부(−)의 상관계수를 보이고 있어 자산배분 효과가 있는 편이다.

수십 개의 주식 종목에 투자하면서 분산투자, 자산배분을 잘하고 있다고 믿는 사람들이 있다. 주식 안에서는 한두 종목에 몰빵한 것이 아니니 그렇게 생각할 수도 있다. 그러나 그것은 자산배분을 제대로 이해한 것이 아니다. 한국 주식에만 투자한다면 글로벌 주식시장의 2%에 불과한 곳에 '몰빵투자'하는 것과 비슷하다. 해외 주식까지 투자 대상을 넓혀야 한다. 거기에 채권, 부동산, 금, 원자재 등으로 투자할 자산군을 확장해야 효과적인 자산배분이 이루어진다.

6

투자 대가들의 포트폴리오

자산배분의 원리를 이해했다면 투자 포트폴리오에 어떤 자산을 얼마씩 담을 것인지 결정하는 과정이 남아 있다. 투자 포트폴리오를 한국 주식과 미국 국채로 구성한다면 각각의 투자 비중을 정해야 한다. 한국 주식과 미국 국채에 50%씩 투자할 수도 있고, 한국 주식 60%, 미국 국채 40%와 같이 비중을 다르게 할 수도 있다. 당연히 투자 비중에 따라 결과가 달라진다. 여기에 다른 자산을 추가한다면 선택은 더 복잡해진다.

시대를 뛰어넘는 절대적인 자산배분은 없다. 그러나 투자의 대가들이 알려준 자산배분 모델은 참고할 만하다. 너무 복잡하지 않고 조금만 신경 쓰면 관리하기에도 쉬운, 투자 포트폴리오 세 가지를 살펴보자.

영구 포트폴리오

첫 번째로 소개할 포트폴리오는 해리 브라운이 제안한 '영구 포트폴리오Permanent Portfolio'다. 이대로 쭉 가면 된다는 뜻처럼 어떤 경제 상황에서도 잘 작동할 수 있도록 설계한 포트폴리오다. 영구 포트폴리오는 주식, 채권, 금, 현금에 각각 25%씩 투자하고, 정기적으로 리밸런싱한다. 리밸런싱이란 비중이 늘어난 자산을 팔아서 비중이 줄어든 자산을 매수하는 것이다. 즉 리밸런싱을 하고 나면 각 자산의 비중이 25%로 맞춰진다.

주식 비중이 25%로 낮은 것은 수익성을 일부 양보하는 대신 주식시장이 붕괴할 때 손실을 줄이려는 목적 때문이다. 1987년 블랙먼데이 때 미국 주식시장은 하루 만에 22.6% 폭락했지만, 영구 포트폴리오는 4.5%만 하락하여 손실 방어 효과를 입증한 바 있다.

채권은 미국 장기국채를 추천했는데 미국 정부가 지급을 보증하는 만큼 안전성이 높다는 장점이 있다. 또한 영구 포트폴리오가 세상에 나왔던 1980년대 초반에는 미국 30년 만기 국채금리가 10% 이상이

영구 포트폴리오

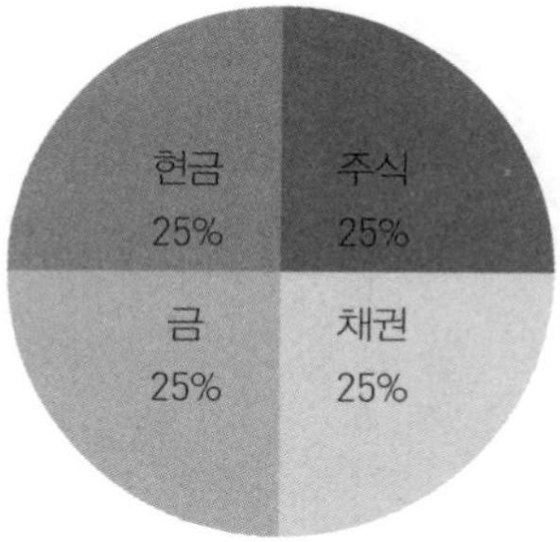

어서 수익성도 그런대로 괜찮았다는 평가를 받았다.

현금은 미국 단기국채로서 경기 침체기를 대비하기 위함이고, 금은 인플레이션 기간에 자산 가치를 유지하기 위해서 포함된다.

카우치 포테이토 포트폴리오

두 번째로는 스콧 번즈가 만든 '카우치 포테이토 포트폴리오couch potato portfoilio'다. '카우치 포테이토'란 소파에서 감자칩을 먹으면서 TV를 보거나 뒹굴거리는 사람을 뜻한다. 그 정도로 아주 간단하고 별로 손 갈 게 없는 포트폴리오다. 이 포트폴리오는 주식과 물가연동채권에 50%씩 투자한다. '물가연동채권'은 물가상승률에 따라 금리가 변하는 채권이다. 즉 물가가 오르면 채권 투자자에게 지급하는 이자율이 오르고, 물가가 떨어지면 채권 이자율도 낮아진다. 대부분의 채권은 금리가 오르는 인플레이션 상황에서 채권 가격이 떨어져서 수익성이 나빠지는 데 반해, 물가연동채권은 인플레이션이 지속되는 상황에서 이자가 늘어나기 때문에 매력적인 투자 대상이 될 수 있다.

카우치 포테이토 포트폴리오

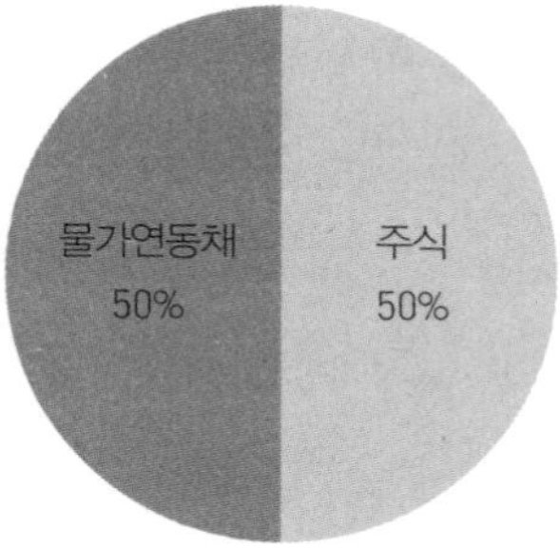

올웨더 포트폴리오

세 번째 포트폴리오는 세계 최대의 헤지펀드인 브리지워터의 회장 레이 달리오가 알려준 '올웨더 포트폴리오All Weather Portfolio'다.

올웨더 포트폴리오는 모든 날씨에 대응할 수 있다는 이름처럼, 어떤 경제 상황이 되더라도 지속 가능한 포트폴리오를 구축하겠다는 목표로 만들어졌다. 레이 달리오는 투자 전문가가 아닌 가족이 손쉽게 관리할 수 있는 포트폴리오가 필요하다고 느껴서 올웨더 포트폴리오를 고안했다고 밝히기도 했다.

올웨더 포트폴리오는 금융환경을 성장률과 인플레이션에 따라 네 개의 국면으로 나눈다. 시장의 기대 수준보다 ① 성장률이 높고 인플레이션도 높은 경우, ② 성장률이 높고 인플레이션은 낮은 경우, ③ 성장률이 낮고 인플레이션은 높은 경우, ④ 성장률과 인플레이션 모두 낮은 경우로 구분한다. 각각의 상황이 발생할 확률은 알 수 없기 때문에 25%로 상정한다.

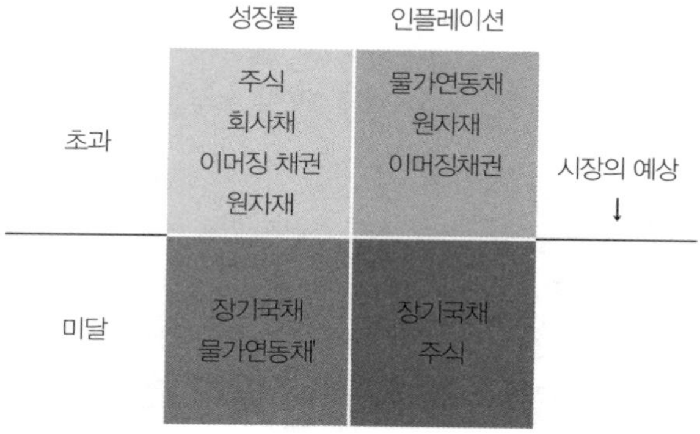

올웨더 포트폴리오

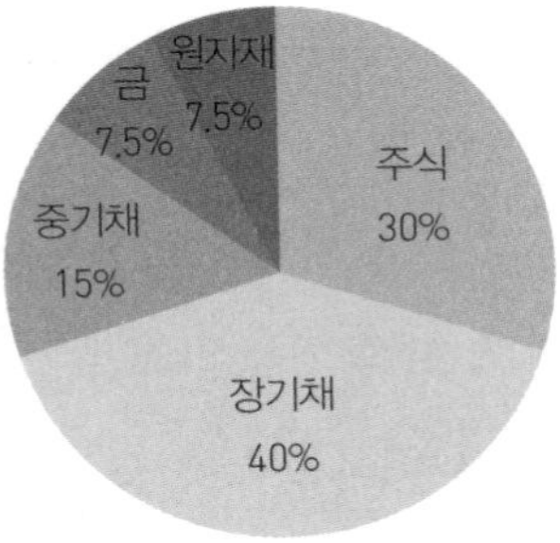

다음으로 각 상황마다 어떤 자산들이 유리할 것인지, 자산 간의 상관관계 등을 염두해서 자산의 비중을 산출했다. 주식 30%, 장기채권 40%, 중기채권 15%, 금 7.5%, 원자재 7.5%로 구성된다.

다만 이 자산별 비중은 베스트셀러 《Money(머니)》로 유명한 토니 로빈스가 레이 달리오를 인터뷰하면서 얻어낸 대략의 수치다. 토니 로빈스는 올웨더 포트폴리오와 구분하기 위해 '사계절 포트폴리오All Seasons portfolio'로 표현하였다. 실제 브리지워터에서 운용하고 있는 올웨터 포트폴리오는 이보다 더 세분화되어 있고, 다이나믹하게 운용하고 있을 것이다. 그러나 일반 투자자가 따라 하기에는 이 정도 자산배분으로도 충분할 것이다.

포트폴리오의 투자 성과

세 포트폴리오에 실제로 투자했다면 어떤 결과가 나왔을까? 2007년에 1만 달러를 투자하고 1년마다 리밸런싱을 했다고 가정해 보았다.

백테스트를 해본 결과, 2007년 투자한 1만 달러가 2021년 말이 되

포트폴리오 누적 성과(2007~2021)

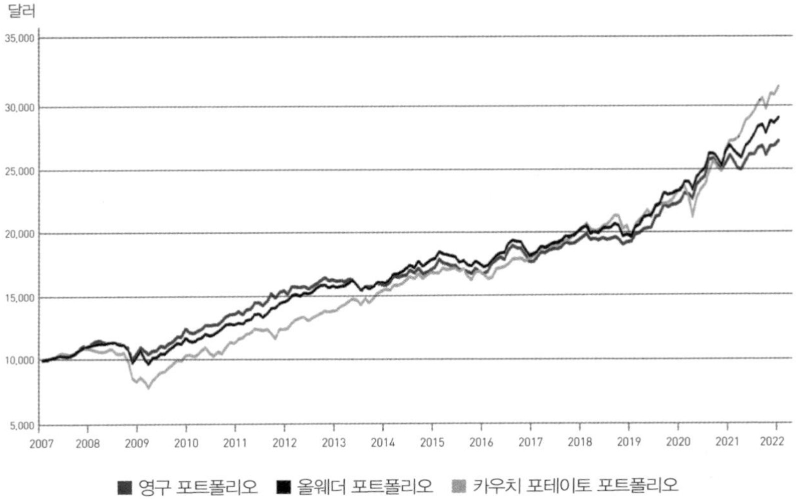

면 2만 7,000~3만 1,000달러 수준으로 불어났을 것으로 나온다(누적수익률 170~213%). 이 기간에는 2008년 금융위기와 2020년 코로나19라는 커다란 악재가 있었다. 주가가 반토막나고 금융시장 전체가 패닉에 빠지는 일이 두 번이나 있었던 것이다. 그런데도 세 포트폴리오는 연평균 6.8~7.9%의 수익률을 거두었다.

전반적으로는 비슷한 흐름을 보이지만 세부적으로 다른 궤적을 보이는 구간도 있다. 카우치 포테이토 포트폴리오는 아무래도 주식 비중이 가장 높다 보니 급락하는 구간이 많고, 하락 폭도 크게 나타난다. 하지만 주가가 회복되는 시기에는 그만큼 빠르게 수익률을 회복하는 모습을 보여준다.

연 단위로 끊어서 성과를 비교해 보면 손실을 기록한 해가 없는 것은 아니다. 그러나 2008년의 카우치포테이토 포트폴리오를 제외하면 연간 최대 손실 폭은 3~4%로 제한적이었다. 특정 자산에 집중하지 않고 주식과 채권 등에 분산 투자했기 때문에 가능한 결과다.

투자의 대가들이 추천하는 포트폴리오를 살펴보면서 아쉬운 것은 미국 투자자 입장에서 제안된 포트폴리오라는 점이다. 포트폴리오를 구성하는 주식이나 채권 모두 미국 주식, 미국 채권이다. 국내 상장된 해외 ETF에 투자하거나 직접 미국 주식시장에서 투자할 수 있는 방법이 있어서 과거보다는 많이 수월해지기는 했다. 그러나 한국 투자자 입장에서는 여전히 일종의 문턱으로 작용하는 부분이 있다.

거기에 미국 투자자라면 고려하지 않아도 되는 원/달러 환율 변동이라는 요소가 있다. 그러나 원/달러 환율 변동은 활용하기에 따라서는 장점으로 작용할 수 있다. 자국 주식과 채권에만 투자하는 미국 투자자는 추구하기 어려운 리스크관리를 할 수 있는 것이다. 국내 주식과 미국 국채가 강한 부(-)의 상관관계를 갖는다는 점을 활용하면 자산배분을 통한 리스크관리에 장점이 될 수 있다.

자산배분을 하는 목적은 더 높은 수익률이 아니라 적절한 위험 분산으로 시장의 변동을 버틸 수 있는 힘을 갖는 것이다. 어떤 시장 상황이 오더라도 내 자산이 급격하게 깨지는 일은 없도록 하는 게 제일 중요하다. 그래야 내 자산도 지키고 내 멘탈도 유지할 수 있다.

7

국민연금 자산운용 따라 하기

공부를 깊이 하면 어떤 것이 중요한지, 전체를 관통하는 맥락은 무엇인지 깨닫게 된다. 그러나 그런 경지에 이르기까지 적잖은 시간이 필요하고 개개인의 환경과 능력에도 차이가 있다. 아무리 노력해도 결과가 나아지지 않아 좌절했던 경험이 있을 것이다. 즐거운 상상이지만 공부 잘하는 친구가 시험을 앞두고 정리해놓은 노트를 복사해서 주겠다면 어떨까? 고마운 마음을 이루다 표현하기 어려울지도 모른다.

자신이 공부한 것을 정리한 노트를 나눠주는 친구를 만나기란 쉽지 않다. 하지만 투자의 세계에는 그런 친구가 있다. 바로 국민연금이다. 국민연금은 1988년부터 2021년까지 연평균수익률 6.76%를 기록했다. 퇴직연금의 운용수익률이 평균 1%대인 것에 비하면 놀라운 성과다. 최근에는 주식과 해외투자 비중을 늘리면서 성과가 더욱 좋아지고 있다. 국민연금의 '비법 노트'를 펼쳐보자.

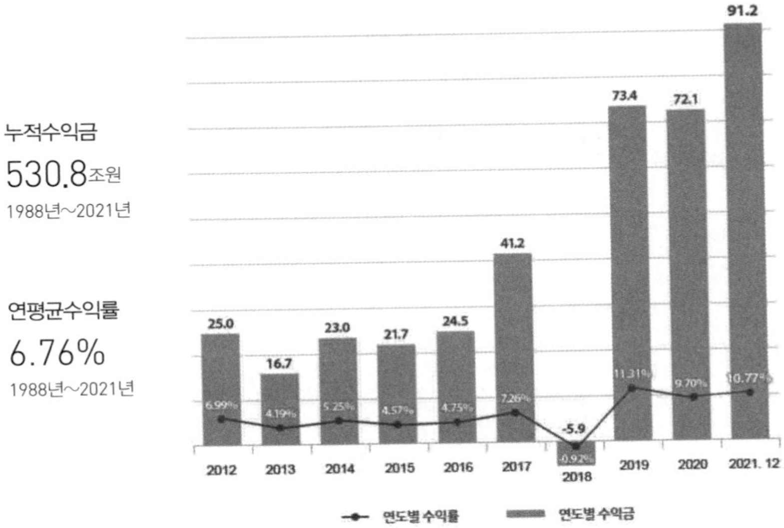

출처 : 국민연금기금운용본부

국민연금 자산운용 3단계

국민연금은 국민의 안정적인 노후를 위해 국가가 관리하는 대표적인 연금이다. 매달 납부하는 국민연금 보험료가 부담되기도 하고, 나중에 연금을 받을 수 있을지 불안하다는 사람들도 있다. 그러나 우리나라 국민연금 규모는 948조 원으로 일본 공적연금, 노르웨이 국부펀드에 이어 세계에서 3번째로 크다. 국내 투자 시장은 물론이고 세계적으로도 '큰 손'인 셈이다.

국민연금 기금 운용 초창기에는 투자 손실 리스크를 줄이기 위해 주식 투자 비중을 매우 낮게 유지했다. 그러나 2000년대 들어서 국민연금 가입자가 늘고 기금의 규모도 커지자 국내 주식은 물론 해외 주식, 해외채권, 해외 대체투자 비중을 꾸준히 늘려왔다. 국내 채권과 같은 안전자산만으로 기금 운용을 한다면 연금의 기능을 충실히 수행하기 어렵다는 판단 때문이었다. 즉 투자의 수익성과 안전성이라는 두 마리 토끼를 모두 잡아야 하는 숙제가 국민연금 앞에 놓인 것이다.

국민연금은 몇몇 투자 천재에 의해 운용하지 않는다. 국민연금법에 따라 엄격한 절차를 거쳐 국민연금 기금운용본부를 중심으로 관리·운용한다. 크게 3단계에 걸친 의사결정을 통과해야 투자 실행이 이루어진다.

1단계 : 자산운용 목표 설정

국민연금은 국민의 노후생활이 걸린 자산이라는 특성을 고려하여 수익성과 안정성 사이의 균형이 가장 중요하다. 다시 말해 기금의 실질 가치를 유지하도록 가능한 한 높은 수익을 추구함과 동시에, 변동성과 손실위험이 허용 범위를 벗어나지 않도록 해야 한다. 이를 위해 다음과 같이 목표수익률과 위험 수준을 정한다.

목표수익률은 '실질경제성장률+소비자물가상승률±조정치'로한다. 경제가 성장하고 물가가 오르는 수준에 따라 수익률을 달성해야 기금의 실질 가치가 유지되기 때문이다.

위험한도는 '쇼트폴 리스크 15% 이내'로 기금운용지침에 정해져 있다. 쇼트폴 리스크란 5년 누적수익률이 같은 기간 누적 소비자물가상승률 이하로 떨어질 가능성을 15% 이하로 통제해야 한다는 뜻이다. 간단히 말해서 물가상승률보다 낮은 수익률을 기록하거나 극단적인 손실이 발생할 확률을 최소화하면서 기금을 운용해야 한다는 뜻이다.

개인투자자도 국민연금의 자산운용 목표를 그대로 활용해도 좋을 것이다. 무턱대고 '수익률 최대' 또는 '손실 가능성 제로'가 아니라, 최소한 물가상승률 이상의 수익률을 달성하면서 손실위험을 최소화하는 걸 자산운용의 목표로 삼아보자.

2단계 : 전략적 자산배분

두 번째 단계인 전략적 자산배분은 목표수익률과 위험 수준에 맞춰서 자산군별로 투자 비중을 결정하는 것이다. 국민연금에서는 자산군별 기대수익률과 위험, 자산군 간 상관관계, 정책조건 등을 기반으로 최적의 자산배분안을 도출한다.

국민연금의 2022년 목표 포트폴리오는 국내 주식 16.3%, 해외 주식 27.8%, 국내 채권 34.5%, 해외채권 8.0%, 대체투자(부동산, 인프라 등) 13.4%로 설정하였다. 주목할 부분은 국내 주식보다 해외 주식 비중이 더 높고, 해외채권과 대체투자 비중도 꾸준히 늘어나고 있다는 점이다. 이 같은 배경에는 국민연금의 규모가 너무 커져서 국내 자산만으로 운용하기 힘들다는 점이 있다.

그러나 보수적인 자산관리를 할 것으로 예상했던 국민연금이 해외투자 비중을 높이고 있다는 사실은 개인투자자에게 시사하는 바가 크다. 예금과 같은 원리금보장형 자산에 집중되어 있거나, 국내 자산으로만 포트폴리오를 구성할 때의 한계는 점점 뚜렷해질 것이다. 장기적으로 자산의 운용수익률을 개선하기 위해서는 국민연금의 전략적 자산배분을 참고할 필요가 있다.

3단계 : 전술적 자산배분

마지막 3단계는 전술적 자산배분이다. 전략과 전술 모두 군사 용어였는데 지금은 경제, 경영 전반에 두루 쓰이는 말이 됐다. 전략은 상대적으로 스케일이 큰 차원에서 사용하는 말이고, 전술은 전략 목표를 달성하기 위해 현장에서 그때그때 사용하는 방법, 기술 등을 주로 칭한다.

전략적 자산배분에서 자산별 투자 비중을 정해놓고, 전술적 자산배분은 그 안에서 초과 수익을 얻기 위해 일시적으로 자산배분 비중을 조정하는 것을 의미한다. 예를 들면 주식시장이 비정상적으로 과열되거나 필요 이상으로 공포에 휩싸일 때가 있다. 이럴 경우 단기적으로 주식 비중을 줄이거나 늘리는 행동을 취할 수 있다. 이것이 전술적 자산배분이다. 투자 시장에 대한 예민하고 과감한 판단과 실행이 필요한 단계라고 할 수 있다. 많은 투자자들이 그와 같은 능력을 얻기 위해 부단히 노력하기도 한다.

그러나, 국민연금 운용성과에서 전술적 자산배분이 미치는 영향은 미미한 것으로 나타났다. 국민연금 기금의 운용성과 기여도를 분석한 결과, 전략적 자산배분의 기여도가 99%에 이르고, 전술적 자산배분은 별다른 기여를 하지 못한 것으로 조사됐다. 다른 연구 결과에서도 투자 성과의 대부분은 전략적 자산배분에서 비롯된 것으로 나온다. 따라서 시간과 자금이 제한적인 개인투자자는 자산운용 목표 설정과 전략적 자산배분만으로도 충분하다.

국민연금 비법노트를 참고하자

'뛰는 놈 위에 나는 놈'이라는 속담의 후속편이 있다. '나는 놈 위에 붙어 나는 놈'이다. 새가 되어야만 날 수 있는 건 아니다. 비행기에 타면 된다.

투자가 어렵고 포트폴리오, 자산배분이라는 말만 들어도 멀미가 나는가? 우리나라 최고 수준의 투자전문가들이 머리 싸매면서 만든 비법 노트를 따라 하면 된다. 국민연금 비법 노트는 기금운용본부 홈페이지에 정기적으로 공개하고 있다. 두 달 정도의 시차는 있지만 참고하기에 전혀 부족함이 없다. 자산군별로 세부 투자현황도 제공하고 있어서 국민연금이 어떤 종목에 얼마나 투자하고 있는지도 확인할 수 있다.

국민연금 포트폴리오가 아무리 좋아 보여도 완전히 똑같은 포트폴리오를 구성하는 것은 불가능하다. 운용 자금의 규모 면에서 범접할 수 없는 차이가 있기 때문이다. 그러나 ETF나 인덱스펀드 등을 활용하면 비슷하게 따라 할 수는 있다. 특히 초보 투자자에게 시간 대비 효율 면에서 이만한 방법도 없을 것이다.

8

개인투자자를 위한 밀키트, ETF

몸과 마음이 허할 때 생각나는 건 엄마가 차려준 집밥이다. 그러나 바쁘게 살아가는 1인 가구나 맞벌이 가구에 집밥은 '하면 좋지만 번거로운 것'일 때가 많다. 재료를 구입하고 손질하는 시간은 필수인데다가 결과물이 실패할 위험이 있기 때문이다. 그렇다고 매번 외식이나 배달 음식을 먹을 수도 없다. 인스턴트 식품도 마찬가지다.

외식보다 저렴하면서 건강한 식사를 할 수도 있도록 도와주는 게 밀키트다. 요리에 필요한 식재료와 양념을 바로 조리할 수 있는 형태로 제공하고 레시피도 들어있다. 집밥에 비해 시간을 절약할 수 있고 결과물도 어느 정도 보장할 수 있다. 각자의 기호에 맞게 레시피를 조금씩 바꿔보는 재미도 더할 수 있다. 시간에 쫓기는 1인 가구, 맞벌이 가구에 밀키트는 건강과 시간, 비용을 모두 충족하는 대안으로 인기를 끌고 있다.

직접투자와 간접투자의 단점을 해소하는 ETF

ETF는 밀키트 같은 투자 수단이다. 직접투자보다 시간과 에너지를 훨씬 적게 들이면서 투자할 수 있다. 간접투자의 대표 격인 일반 펀드에 비해 비용은 저렴하고 투명성이 높아서 투자에 도움이 된다. 이처럼 ETF는 직접투자와 간접투자의 아쉬움을 해결해준다는 면에서 밀키트 같은 금융투자상품이라고 할 수 있다.

ETF는 주식처럼 거래한다

ETF는 'Exchange Traded Fund'의 앞 글자를 딴 것이다. 우리말로는 '상장지수펀드'라고 한다. 펀드인데 '상장된' 펀드라는 말이다. 일반적인 펀드는 상장되어 있지 않지만, ETF는 주식시장에 상장됐기 때문에 주식처럼 직접 사고팔 수 있다. ETF는 매매하고자 하는 가격과 수량으로 주문을 해야 투자할 수 있다. 예를 들어 ○○ETF에 투자하고 싶다면, 주식처럼 '○○ETF를 1주당 5만 원씩 10주를 사겠다'라고 주식시장에 매수 주문을 하는 것이다. 그 후 가격이 1주당 6만 원으로 올랐다면 '○○ETF를 주당 6만 원에 10주 팔겠다'라고 매도 주문을 해서 거래가 되면 수익이 실현된다. 투자자가 직접 매매행위를 한다는 면에서 ETF는 직접투자의 성격을 갖고 있다.

ETF는 지수를 따라간다

ETF는 추종하는 지수가 있다. 국내 주식시장에 상장된 ETF 중 시가 총액이 가장 높은 종목은 'KODEX 200'인데 이 ETF는 코스피

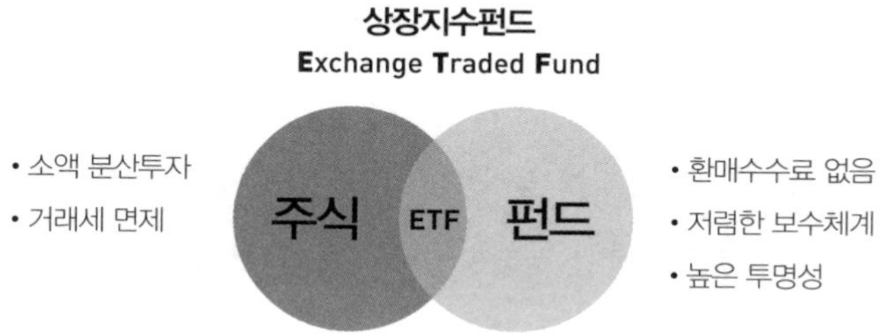

200 지수와 똑같이 움직이도록 운용한다. 지난 1년간 코스피200 지수가 10% 상승했다면 KODEX 200도 10% 정도의 수익을 올리게 된다. 반대로 코스피200 지수가 5% 하락하면 KODEX 200도 약 5%의 손실을 기록한다.

미국 주식에 투자하는 ETF도 있다. 'TIGER 미국나스닥100'이라는 ETF는 미국 나스닥100 지수와 똑같이 움직이도록 운용하는 게 목표고, 'TIGER 미국S&P500'은 미국 S&P500 지수의 수익률과 일치하도록 운용한다.

이처럼 ETF는 투자 대상으로 정한 시장지수와 함께 움직인다는 특징이 있다. ETF에 투자할 때는 어떤 지수를 추종하는 것인지 반드시 확인해야 한다.

ETF는 펀드처럼 운용한다

'펀드'라는 말은 '여러 사람이 공동의 목적으로 모은 돈'을 뜻한다. 펀드를 조성해서 회사를 만들기도 하고, 투자를 할 수도 있다. 그중에 투자 목적으로 만드는 펀드가 흔히 말하는 펀드(투자신탁, 투자회사, 뮤추얼펀드)다. 투자자들은 돈을 내고 펀드매니저는 투자자를 대신해 주식이나 채권 등을 사고팔아 수익을 추구한다. 이처럼 자신이 직접 투자하지 않고 펀드를 통해 투자하는 것을 간접투자라고 한다.

나를 대신해서 투자해주는 간접투자는 비용이 발생한다. 누군가에게 일을 시키려면 돈을 줘야 하는 것과 같은 이치다. 펀드에 투자할 때는 운용회사, 판매회사, 수탁회사, 사무관리회사에 펀드 보수 및 비용을 지급하도록 되어 있다. 이 돈은 투자자가 직접 지급하지 않고 투자금에서 일정 비율만큼 자동으로 차감된다. 펀드 보수 및 비용은 펀드 종류에 따라 연 0.1% 수준의 펀드도 있고, 연 3% 넘게 부과하는 펀드도 있다.

ETF도 펀드의 일종이기 때문에 보수가 있다. 다만 같은 종류의 펀드에 비해 보수가 1/10 미만으로 매우 저렴하다. 국내 주식형펀드의 평균 보수율은 연 1% 내외지만, 코스피200에 투자하는 ETF 중에는 펀드 보수가 연 0.017%인 것도 있다. 1억 원을 투자한다면 연간 펀드 보수가 1만 7,000원이다(ETF 가격 변동에 따라 펀드 보수는 달라지지만 보수비율은 동일하다). 사실상 보수가 거의 없는 것처럼 느껴진다. 투자에서 비용은 최종 수익과 직결된다는 점을 감안하면 ETF는 대단히 매력적인 투자 수단이다.

ETF, 이렇게 보면 쉽다

ETF를 처음 접한다면 일단 포털사이트에서 찾아보자. 네이버 증권(금융) 메뉴에서 '국내 증시-ETF'를 보면 우리나라 주식시장에 상장되어 있는 모든 ETF를 한눈에 볼 수 있다. 2021년 말 기준으로 국내 주식시장에 상장된 ETF는 533종목이며, 시가총액은 약 74조 원에 달한다. 투자에 관심이 늘면서 종목과 시가총액 모두 큰 폭으로 증가하는 추세에 있다.

ETF 이름만 봐도 어떤 ETF인지 대략 추정할 수 있다. 'KODEX 200'을 예시로 살펴보자. 맨 앞에 나오는 영문명 'KODEX'는 ETF를 운용하는 자산운용사의 ETF 브랜드다. KODEX는 삼성자산운용이 만들어 운용하는 ETF고, TIGER는 미래에셋자산운용, KBSTAR는 KB자산운용, KINDEX는 한국투자신탁운용, KOSEF는 키움자산운용, ARIRANG은 한화자산운용이 만든 ETF 브랜드다.

ETF 브랜드 다음에 나오는 단어는 해당 ETF가 추종하는 기초지수를 표시한다. 우리나라 ETF에서 '200'은 '코스피200지수'를 의미한다. '미국나스닥100'이라면 '미국나스닥100지수'를 추종하는 ETF라는 뜻이다.

그밖에 TR은 'Total Return'의 약자로 해당 ETF에서 발생하는 분배금(배당금)을 재투자하는 ETF라는 의미로 붙인다. '(H)'는 환헷지Hedge를 하는 ETF라는 뜻이고, '(합성)'은 장외 스와프거래 등을 활용해 기초자산을 대폭 확대한 상품이라는 표시다.

다음으로 살펴볼 내용은 ETF의 시가총액과 거래량이다. 시가총액이 크고 거래량이 많을수록 매매할 때 불편함이 줄어든다. ETF도 주식과 마찬가지로, 시가총액과 거래량이 너무 적으면 원하는 거래를 충분히 하지 못하는 일이 생길 수도 있다. 따라서 시가총액이 너무

적은 ETF는 되도록 피하는 게 좋다.

펀드 보수는 동종 ETF와 비교해서 어떤지 살펴보고 시가총액이나 거래량 등에 있어서 큰 차이가 없다면 펀드 보수가 저렴한 ETF를 선택하는 것이 유리하다. 왜냐하면 똑같은 지수를 추종하는 ETF 간에는 투자성과 차이가 거의 없기 때문이다.

자산운용사별 ETF 홈페이지에 가면 해당 ETF에 대한 더욱 상세한 정보를 볼 수 있다. ETF를 구성하고 있는 종목과 구성 비중, 분배금 지급현황 등을 확인할 수 있다. 특히 '투자종목정보' 또는 '구성종목현황'이라고 부르는 'PDFPortfolio Deposit File'는 투자 종목별 비중을 매일매일 업데이트해서 올리도록 되어 있다. 일반 펀드가 투자 종목별 비중을 2~3개월 후에 공개하는 것에 비하면 투자자 입장에서 ETF는 투명성이 더 높다고 할 수 있다.

9

오토파일럿 투자 시스템

비행기를 탈 때마다 긴장되는 시간이 있다. 이륙과 착륙할 때다. 비행기가 이륙하는 3분, 착륙하는 8분 사이에 항공기 사고의 약 90%가 발생한다. 오죽하면 '마의 11분'이라는 표현이 있을 정도다.

미국 노스 어틀랜틱 항공사가 비행기 이륙부터 착륙까지 기장이 받는 스트레스를 조사한 결과, 착륙 순간의 심장 맥박수가 평상시보다 2.5배까지 상승하는 것으로 나타났다. 베테랑 조종사들에게도 이·착륙은 가장 긴장되는 시간인 것이다.

마의 11분을 제외한 시간은 대체로 평화롭다. 식사도 하고 영화도 보고 잠도 잔다. 조종실 내부는 어떨까. 여전히 비행기 안에서 가장 분주하게 돌아가는 공간이지만 한결 여유가 생긴다. 장거리 운항일 경우는 '오토파일럿' 모드로 전환한다. 기장과 부기장이 번갈아 휴식을 취하는 것도 이때다.

투자에도 오토파일럿 모드를 쓸 수 있다. 정보를 입수하고 분석하고 판단하는 데 너무 많은 시간을 쓰는 것은 바람직하지 않다. 마의 11분처럼 중요한 순간에는 집중력을 발휘해야겠지만, 나머지 시간에는 계획한 대로 잘 가고 있는지 이따금 점검하는 것으로도 충분하다.

자동이체로 투자하라

은행 고객이 애용하는 서비스는 '자동이체'다. 자동이체 서비스가 없다면 우리들의 금융 생활은 엉망진창이 될지도 모른다. 자동이체 덕분에 수많은 결제와 송금을 정해놓은 날짜에 빠짐없이 할 수 있게 됐다. 그러나 자동이체는 투자와 연결할 때 더 강력한 힘을 발휘한다.

피니시 리치 회장 데이비드 바크는 베스트셀러 《자동부자습관》에서 퇴직연금, 비상금, 드림머니(꿈꾸는 것들을 이루는 데 드는 비용) 마련을 자동화하라고 조언한다. 자동화하는 방법은 '자동이체'를 설정하는 것뿐이다. 투자 수익률을 따지기에 앞서서 충분한 연료가 공급되도록 소득이 있을 때마다 일정 금액을 자동 이체되도록 하는 것이 그가 말한 자동부자습관의 핵심이다. 자동이체로 구축한 투자 시스템은 신경 쓰지 않아도 작동될 뿐만 아니라 시간이 지날수록 커지게 된다.

멀리 가려면 연료가 충분해야 한다

인생 항로에 필요한 돈을 비행기 연료에 비유하자면 충분한 것이 좋다. 비행기는 운항 거리가 멀수록 크다. 큰 비행기일수록 연료통

투자기간	매월 10만 원 투자	매월 50만 원 투자	매월 100만 원 투자
5년 후	734만 원	3,673만 원	7,347만 원
10년 후	1,829만 원	9,147만 원	1억 8,294만 원
20년 후	5,890만 원	2억 9,451만 원	5억 8,902만 원
30년 후	1억 4,903만 원	7억 4,517만 원	14억 9,035만 원

※ 계산의 편의를 위해 세금 등 제비용은 고려하지 않음

이 크다. 연료를 채울 때도 돌발상황을 대비해서 여유 있게 넣는다. 승객들의 안전이 달린 문제이기 때문이다.

투자와 비행기 연료는 비슷한 점이 많지만 한 가지 다른 점이 있다. 비행기 연료통은 크기가 정해져 있고, 출발하기 전에 넣는 게 전부다(공중 급유기가 있지만 그것은 군용기나 일부 특수한 상황에서나 가능하다). 그러나 투자는 크기의 제한이 없고, 무엇보다 일찍 시작할수록 훨씬 유리하다.

수익률을 연 복리 8%로 가정하고, 매달 일정한 금액을 투자하면 나중에 어떤 일이 생기는지 보자.

당연한 결과지만 투자하는 금액이 클수록 투자 효과는 크다. 다만 투자 기간이 짧을 때는 투자금액 대비 체감하는 격차가 그렇게 크지 않다. 5년간 매월 10만 원씩 투자할 경우 734만 원, 매월 100만 원 투자할 때는 7,347만 원으로 약 6,613만 원 더 많다(투자 원금 차이는 5,400만 원).

그러나 투자 기간이 길어지면 복리 효과에 따른 격차는 엄청나게 벌어진다. 30년간 매월 10만 원 투자할 경우 1억 4,903만 원, 매월

100만 원 투자할 때는 14억 9,035만 원으로 약 13억 4,132만 원 더 많다. 투자원금 차이는 불과 3억 2,400만 원이다. 한 달에 90만 원 차이가 30년간 누적되자 10억 원이 넘는 차이가 생긴 것이다.

따라서 투자에서 복리 효과를 높이는 방법은 일찍 시작하고, 소득이 오르거나 특별한 쓰임새가 없는 돈이 생기면 투자 계좌에 넣는 것이다. 이것을 효과적으로 하려면 '소득의 일정 비율을 투자한다'는 규칙을 세우고 실행하는 것이다. 그래야 늘어난 소득만큼 투자 시스템을 키울 수 있다.

리밸런싱과 TDF

비행 중에는 난기류를 만나는 등의 변수가 늘 있다. 비행 고도가 낮아지거나 예정된 시간보다 지체되기도 한다. 반대로 제트기류 영향으로 비행시간이 단축될 때도 있다. 이럴 때 오토파일럿 시스템에 의해 원래 항로를 찾아가거나, 조종사에 의한 수동모드 조종 중 선택할 수 있을 것이다.

투자 환경은 끊임없이 변한다. 날씨보다도 예측하기 어렵다. 투자 포트폴리오는 시간이 지날수록 원래의 비율과 달라지기 마련이다. 그래서 리밸런싱이 필요하다. 당초에 설정해 놓은 자산별 투자비율대로 재조정하는 작업을 리밸런싱이라고 한다. 보통의 리밸런싱에서는 원래 비율보다 높아진 자산을 매도해서 낮아진 자산을 매수한다. 그러나 이렇게 하면 매도·매수과정에서 세금·수수료 등의 비용이 발생한다.

리밸런싱을 하는 또하나의 방법은 매월 투자금으로 비중이 낮아진 자산군을 매수하는 것이다. 예를 들어 주식이 하락해 원래 비중보다 낮아졌다면, 매월 투자금으로 채권이나 현금을 늘리지 않고 주식만 매수하여 비중을 높인다. 이렇게 하면 시간은 조금 걸리지만 자산을 매도하지 않고도 리밸런싱 효과를 거둘 수 있다.

TDF Target Date Fund를 활용하는 방법도 있다. TDF는 특정 시점에 자산을 인출하는 것을 가정하고 운용하는 펀드다. 주로 은퇴 시점을 타겟 데이트로 삼아 운용한다. TDF2030, TDF2040, TDF2050처럼 TDF 뒤에 붙는 숫자가 타겟 데이트가 된다. 타겟 데이트까지 시간이 많이 남아 있을수록 주식 비중을 높게 운용해서 수익성을 추구하고, 타겟 데이트가 가까울수록 주식 비중을 낮춰서 손실 위험을 줄이는 스타일로 운용한다.

일반적인 리밸런싱은 투자자가 직접 포트폴리오 내의 자산을 매도하거나 매수하지만, TDF는 펀드 내에서 펀드매니저에 의해 자산배분 및 은퇴 시기에 맞춘 리밸런싱을 한다는 차이가 있다. 직접 하는 리밸런싱에 부담을 느낀다면 TDF를 적절히 활용하는 것도 도움이 될 것이다.

• 에필로그

이제 돈의 미궁에서 비상하자

사람들은 돈의 미궁에 갇혀 있다. 그것은 오래된 습관, 비합리적인 신념, 상대하기 불편한 감정으로 만들어진다. 이따금 미궁을 벗어나려고 시도하지만 같은 자리를 맴돌기 일쑤다. 실패를 거듭하다 보면 아예 돈에 관심을 두지 않기도 한다. 그러나 돈의 미궁에 갇혀 있다는 사실에는 변함이 없다.

미궁에서 벗어나기 위해서는 날개가 필요하다. 깃털과 밀랍으로 날개를 만들어 미궁을 탈출한 다이달로스처럼 하늘로 비상해야 한다. 관점이 달라지면 시야가 넓어지고 복잡한 미궁을 헤매지 않아도 된다. 이 책에서 소개한 소비 리추얼, 재정 자서전 쓰기 등과 같은 자동 부자 시스템 5단계를 통해 돈에 관한 관점이 달라지고, 돈과의 건강한 관계 맺기가 가능해지기를 기대한다.

많은 이들이 꿈꾸고 바라는 '경제적 자유'는 결코 만만한 목표가 아니다. 미궁을 벗어난 다이달로스와 이카루스 앞에는 뜨거운 태양과 험한 바다가 버티고 있었다. 태양 가까이 날다가 추락한 이카루스의 실패는 반드시 기억해야 한다. 그렇다고 너무 낮게 날면 바닷물의 습기에 날개가 무거워져 추락할 위험에도 대비해야 한다. 너무 높지도 낮지도 않게 비행한 다이달로스의 지혜가 필요하다.

앞으로의 경제 환경은 점점 더 복잡해질 것이다. 예측이 무의미할 정도의 충격과 변화가 일상화될지도 모른다. 고령화, 경기 침체, 인플레이션, 정책 변화 속에서 살아남으려면 리스크 관리와 투자라는 양쪽 날개가 튼튼해야 제대로 비상할 수 있다. 매월, 분기, 반기, 연간 일정한 주기를 정해놓고 머니 리추얼을 수행하면 돈을 다루는 힘이 점점 강해지는 것을 느낄 수 있을 것이다.

돈을 회피하지 않고 직면할 때 돈과 새로운 관계를 맺을 수 있다. 더 많은 돈이 있어야 돈 문제를 해결할 수 있다는 관점에서 벗어나면 새로운 길이 보일 것이다. 당신에게는 이미 충분한 능력과 자원이 있다. 머니 리추얼을 통해 돈의 미궁에서 비상할 당신을 응원한다.

재정 자서전 쓰기에 도움이 되는 질문
• 돈에 관한 최초의 기억은 무엇입니까?
• 어머니와 돈에 관한 기억은 무엇입니까?
• 아버지와 돈에 관한 기억은 무엇입니까?
• 가족들이 돈에 대해 자주 하던 말은 어떤 것입니까?
• 용돈을 받으면 어떻게 했습니까?
• 생일이나 명절은 어떻게 보냈습니까?
• 남들보다 가난하거나 부유하다는 사실을 깨닫게 된 사건이 있습니까?
• 그때의 느낌과 그 후의 행동은 어떠했습니까?
• 남의 돈이나 물건을 훔친 적이 있습니까?
• 첫 월급은 어떻게 사용했습니까?
• 친구들과 어울리며 돈을 쓸 때 어떤 경험이나 느낌이 있었습니까?
• 돈 때문에 어려움을 겪었던 적은 없었습니까?
• 돈에 관한 결정 중 가장 잘한 것은 무엇입니까?
• 돈에 관한 결정 중 가장 후회스러운 것은 무엇입니까?
• 그런 결정에 영향을 끼친 사람이나 근거는 무엇입니까?
• 재정 자서전에 자주 등장하는 단어나 표현은 무엇입니까?
• 재정 자서전을 통해 발견한 사실, 신념은 무엇입니까?
• 재정 자서전에 등장하는 나에게 해주고 싶은 말은 무엇입니까?

현금흐름표

소득		지출	
항목	금액	항목	금액
근로소득		저축&투자	
사업소득		대출상환	
이자소득		세금	
배당소득		생활비	
기타소득		기타	
총수입(A)		총지출(B)	
		과부족(A)-(B)	

자산부채상태표

자산		부채 및 순자산	
항목	금액	항목	금액
금융자산		담보대출	
부동산		신용대출	
사용자산		기타부채	
기타자산		순자산	
총자산		부채 및 순자산	

• 참고문헌

강흥보, 《강흥보의 ETF 투자특강》, 한스미디어, 2021

권석만, 《인간 이해를 위한 성격심리학》, 학지사, 2017

김경일, 《지혜의 심리학》, 진성북스, 2017

김동주(김단테), 《절대수익 투자법칙》, 이레미디어, 2020

김성일, 《마법의 연금 불리기》, 에이지21, 2019

김중구, 《위험관리가 미래의 부를 결정한다》, 원앤원북스, 2007

나심 니콜라스 탈렙, 이건 역, 《행운에 속지 마라》, 중앙북스, 2016

네이트 실버, 이경식 역, 《신호와 소음》, 더퀘스트, 2021

니얼 퍼거슨, 김선영 역, 《금융의 지배》, 민음사, 2010

니콜라우스 브라운, 박제헌 역, 《돈을 생각하다》, 청림출판, 2022

댄 애리얼리 외, 정지호 역, 《루틴의 힘》, 부키, 2020

데이비드 바크, 김윤재 역, 《자동부자습관》, 마인드빌딩, 2018

돈 리처드·리소 허드슨, 주혜명 역, 《에니어그램의 지혜》, 한문화, 2009

라밋 세티, 김태훈 역, 《부자 되는 법을 가르쳐 드립니다》, 안드로메디안, 2019

레이 달리오, 고영태 역, 《원칙》, 한빛비즈, 2018

로널드 엡스타인, 김경승·강수용·김성진 역, 《주의집중》, 하나의학사, 2019

로저 C. 깁슨, 조영삼 역, 《자산배분 전략》, 서울출판미디어, 2005

리사 손, 《메타인지 학습법》, 21세기북스, 2019

마크 브래킷, 임지연 역, 《감정의 발견》, 북라이프, 2020

마틴 린드스트롬, 박세연 역, 《누가 내 지갑을 조종하는가》, 웅진지식하우스, 2012

모건 하우절, 이지연 역, 《돈의 심리학》, 인플루엔셜, 2021

미히르 데사이, 김홍식 역, 《금융의 모험》, 부키, 2018

바리 테슬러, 이영래 역, 《부의 심리학》, 유노북스, 2020

브래드 클론츠·테드 클론츠·릭 칼러, 양세정 외 역, 《머니 스크립트》, 시그마프레스, 2016

빅터 프랭클, 이시형 역, 《죽음의 수용소에서》, 청아출판사, 2005

사경인, 《진짜 부자 가짜 부자》, 더클래스, 2020

새라 뉴컴, 김정아 역, 《당신의 잠든 부를 깨워라》, 유노북스, 2017

샤우나 샤피로, 박미경 역, 《마음챙김》, 안드로메디안, 2021

세스 고딘, 박세연 역, 《이카루스 이야기》, 한국경제신문, 2014

손봉석, 《빚, 정리의 기술》, 다산북스, 2013

스티븐 C. 헤이스 외, 문현미 역, 《마음에서 빠져나와 삶 속으로 들어가라》, 학지사, 2010

신성진, 《머니 프레임》, 천그루숲, 2020

안데르스 에릭슨·로버트 풀, 강혜정 역, 《1만 시간의 재발견》, 비즈니스북스, 2016

안석훈, 오기석, 《개미도 무조건 돈 버는 주식투자 ETF가 답이다》, 예문, 2021

앨리슨 슈레거, 서정아 역, 《리스크의 과학》, 세종, 2019

양세정 외, 《한국형 가계재무비율 도출 및 가이드라인 제안》, 한국FP학회, 2013

엘렌 랭어, 이양원 역, 《마음챙김》, 더퀘스트, 2022

엘리자베스 던·마이클 노튼, 방영호 역, 《당신이 지갑을 열기 전에 알아야 할 것들》, 알키, 2013

영주 닐슨, 《그들이 알려주지 않는 투자의 법칙》, 위즈덤하우스, 2018

영주 닐슨, 《20대에 시작하는 자산관리 프로젝트》, 비씽크, 2019

오봉근, 《메타인지, 생각의 기술》, 원앤원북스, 2020

워런 버핏, 리처드 코너스, 이건 역, 《워런버핏 바이블》, 에프엔미디어, 2017

웬디 우드, 김윤재 역, 《해빗》, 다산북스, 2019

윌리엄 번스타인, 박정태 역, 《투자의 네 기둥》, 굿모닝북스, 2009

윌리엄 번스타인, 김성일 역, 《현명한 자산배분 투자자》, 에이지21, 2019

윌리엄 N. 괴츠만, 위대선 역, 《금융의 역사》, 지식의날개, 2019

윤경희, 《혼자 사는데 돈이라도 있어야지》, 가나, 2021

이남희, 《자기발견을 위한 자서전 쓰기 특강》, 연암서가, 2009
이보네 젠, 조율리 역, 《돈의 감정》, 다산북스, 2021
저우신위에, 박진희 역, 《심리학이 돈을 말하다》, 미디어숲, 2021
전혜영, 《보험, 아는 만큼 요긴하다》, 시그니처, 2021
정아람, 《이세돌의 일주일》, 동아시아, 2016
제이슨 츠바이크, 김성일 역, 《투자의 비밀》, 에이지21, 2021
제임스 몬티어, 박선령 역, 《투자하는 마음》, 마인드빌딩, 2021
존 보글, 황영기·노동래 역, 《뮤추얼펀드 상식》, 연암사, 2017
존 보글, 이은주 역, 《모든 주식을 소유하라》, 비즈니스맵, 2019
차드 멩 탄, 권오열 역, 《너의 내면을 검색하라》, 알키, 2012
차현진, 《금융 오디세이》, 메디치, 2021
찰스 D. 엘리스, 이혜경·방영호 역, 《패자의 게임에서 승자가 되는 법》, 중앙북스, 2021
캐스퍼 터 카일, 박선령 역, 《리추얼의 힘》, 마인드빌딩, 2021
토니 로빈스, 조성숙 역, 《Money(머니)》, 알에이치코리아, 2015
피터 L. 번스타인, 안진환 역, 《위험, 기회, 미래가 공존하는 리스크》, 한국경제신문, 2008
하워드 막스, 김경미 역, 《투자에 대한 생각》, 비즈니스맵, 2012
하워드 막스, 이주영 역, 《하워드 막스 투자와 마켓 사이클의 법칙》, 비즈니스북스, 2020
한스 로슬링·올라 로슬링·안나 로슬링 뢴룬드, 이창신 역, 《팩트풀니스》, 김영사, 2019
홍춘욱, 《돈의 흐름에 올라타라》, 스마트북스, 2022
W. 휴 미실다인, 이석규·이종범 역, 《몸에 밴 어린 시절》, 일므디, 2020
Adrian Furnham, 《The New Psychology of Money》, Routledge, 2014
Bradely T. Klontz, 《Financial Therapy》, Springer, 2015
Brad Klontz, Rick Kahler, Ted Klontz, 《Facilitating Financial Health》, The National Underwriter Company, 2016
Holly P. Thomas, 《The Mindful Money Mentality》, Porchview Publishing, 2013
Rick Kahler·Kathleen Fox, 《Conscious Finance》, FoxCraft, 2007